U0570179

印 顺 法 师 佛 学 著 作 系 列

华雨香云

释印顺 著

中华书局

图书在版编目(CIP)数据

华雨香云/释印顺著. —北京:中华书局,2011.10(2022.11
重印)

(印顺法师佛学著作系列)

ISBN 978-7-101-08064-3

Ⅰ.华… Ⅱ.释… Ⅲ.佛教-文集 Ⅳ.B948-53

中国版本图书馆 CIP 数据核字(2011)第 125757 号

经台湾财团法人印顺文教基金会授权出版

书　　名　华雨香云
著　　者　释印顺
丛 书 名　印顺法师佛学著作系列
责任编辑　陈　平
责任印制　管　斌
出版发行　中华书局
　　　　　(北京市丰台区太平桥西里38号　100073)
　　　　　http://www.zhbc.com.cn
　　　　　E-mail:zhbc@zhbc.com.cn
印　　刷　三河市鑫金马印装有限公司
版　　次　2011 年 10 月第 1 版
　　　　　2022 年 11 月第 2 次印刷
规　　格　开本/880×1230 毫米　1/32
　　　　　印张 8½　插页 2　字数 174 千字
印　　数　3001-4000 册
国际书号　ISBN 978-7-101-08064-3
定　　价　36.00 元

"印顺法师佛学著作系列"出版说明

释印顺(1906—2005),当代佛学泰斗,博通三藏,著述宏富,对印度佛教、中国佛教的经典、制度、历史和思想作了全面深入的梳理、辨析与阐释,取得了一系列重要学术成果,成为汉语佛学研究的杰出典范。同时,他继承和发展了太虚法师的人生佛教思想,建立起自成一家之言的人间佛教思想体系,对二十世纪中叶以来汉传佛教的走向产生了深刻影响,受到佛教界和学术界的的高度重视。

经台湾印顺文教基金会授权,我局于2009年出版《印顺法师佛学著作全集》(23卷),系统、全面地介绍了印顺法师的佛学研究成果和思想,受到学术界、佛教界的广泛欢迎。应读者要求,我局今推出"印顺法师佛学著作系列",将印顺法师的佛学著作以单行本的形式逐一出版,以满足不同领域读者的研究和阅读需要。为方便学界引用,《全集》和"系列"所收各书页码完全一致。

"印顺法师佛学著作系列"的编辑出版以印顺文教基金会提供的台湾正闻出版社出版的印顺法师著作为底本,改繁体竖排为简体横排。以下就编辑原则、修订内容,以及与正闻版的区别等问题,略作说明。

编辑原则

编辑工作以尊重原著为第一原则,在此基础上作必要的编辑加工,以符合大陆的出版规范。

修订内容

由于原作是历年陆续出版的,各书编辑体例、编辑规范不一。我们对此作了适度统一,并订正了原版存在的一些疏漏讹误,主要包括以下几项:

1. 原书讹误的订正:

正闻版的一些疏漏之处,如引文、纪年换算、人名、书名等,本版经仔细核查后予以改正。

2. 标点符号的订正:

正闻版的标点符号使用不合大陆出版规范处甚多,本版作了较大幅度的订正。特别是正闻版对于各书中出现的经名、品名、书名、篇名,或以书名号标注,或以引号标注,或未加标注;本版则对书中出现的经名(有的书包括品名)、书名、篇名均以书名号标示,以方便读者。

3. 梵巴文词汇的删削订正:

正闻版各册(特别是专书部分)大都在人名、地名、名相术语后一再重复标出梵文或巴利文原文,不合同类学术著作惯例,且影响流畅阅读。本版对梵巴文标注作了适度删削,同时根据《望月佛教大辞典》、平川彰《佛教汉梵大辞典》、荻原云来《梵和大辞典》等工具书,订正了原版的某些拼写错误。

4.原书注释中参见作者其他相关著作之处颇多,为方便读者查找核对,本版各书所有互相参见之处,均分别标出正闻版和本版两种页码。

5.原书中有极少数文字不符合大陆通行的表述方式,征得著作权人同意,在不改变文义的前提下,略作删改。

印顺法师佛学著作对汉语佛学研究有极为深广的影响,同时在国际佛学界的影响也日益突出。我们希望"印顺法师佛学著作系列"的出版,有助于推进我国的佛教学以及相关学科的研究。

中华书局编辑部
二〇一一年三月

目　　录

一　平凡的一生

一　一生难忘是因缘

　　我今年六十六岁,出家也已经四十二年了。在这不太短的岁月中,总该有些值得回忆的吧!平凡的自己,过着平淡的生活。回忆起来,如白云消失在遥远的虚空一般,有什么值得回忆的呢!我的一生,无关于国家大事,也不曾因我而使佛教兴衰。我不能救人,也不能杀人。平凡的一生,没有多彩多姿的生活,也没有可歌可泣的事迹。平凡的一生,平淡到等于一片空白,有什么可说可写的呢!

　　静静地回忆自己,观察自己——这是四十八岁以后的事了。自己如水面的一片落叶,向前流去,流去。忽而停滞,又忽而团团转。有时激起了浪花,为浪花所掩盖,而又平静了,还是那样地流去。为什么会这样?不但落叶不明白,落叶那样的自己也不太明白。只觉得——有些是当时发觉,有些是事后发现,自己的一切,都在无限复杂的因缘中推移。因缘,是那样的真实,那样的不可思议!有些特殊因缘,一直到现在,还只能说因缘不可思议。

　　人生，只是因缘——前后延续，自他关涉中的个性生活的表现，因缘决定了一切。因缘有被动性、主动性。被动性的是机缘，是巧合，是难可思议的奇迹。主动性的是把握，是促发，是开创。在对人对事的关系中，我是顺应因缘的，等因缘来凑泊，顺因缘而流变。如以儒者的观点来说，近于"居易而待时"的态度。但过分的顺应，有时也会为自己带来了困扰。在我一生中，似乎主动的想这想那，是没有一样成功的。就如台北的慧日讲堂，建成了也只增添些不必要的干扰。我这样的顺应因缘，也许是弱者的处世态度，也许是个性的适合，也应该是夙生因缘，引上了出家学佛之路（学佛是不一定要出家的，出家要个性适合于那样的生活方式才得）。从一生的延续来看自己，来看因缘的错杂，一切是非、得失、恩怨，都失去了光彩而归于平淡。

　　我是眼高手低的，所以不自觉地舍短用长。十三四岁开始，就倾向于丹经、术数、道书、新旧约，而到达佛法。对佛法的真义来说，我不是顺应的，是自发地去寻求，去了解，去发见，去贯通，化为自己不可分的部分。我在这方面的主动性，也许比那些权力煊赫者的努力，并不逊色。但我这里，没有权力的争夺，没有贪染，也没有嗔恨，而有的只是法喜无量。随自己夙缘所可能的，尽着所能尽的努力。

　　"一生难忘是因缘"，我不妨片段地写出些还留存在回忆中的因缘。因缘虽早已过去，如空中鸟迹，而在世俗谛中，到底是那样的真实，那样的不可思议！

二　出家难

　　一九二五年(二十岁)，我读到《庄子》的冯梦祯序文："然则庄文郭注，其佛法之先驱耶"，而引起了探索佛法的兴趣。对于佛法，我没有师友的引导，只是自己在暗中摸索。

　　一九二八年清明后八日，慈母不幸在不到四天的卒病中去世，引起我内心极大的震动，不知所措的悲伤。九月(附注：本文的年月，都是农历)里，住在同一祖宅的叔祖父死了。一九二九年四月二十七日，父亲又在病了两个多月，终日安详的睡眠中去世(极可能是肺癌)。一年多来，一直在求医求药，办理丧事，似乎人生只是为此而忙碌。内心的沉闷抑郁，在近年来佛法的熏习下，引发我出家的决心。

　　"出家难"，对我来说，不是难在出家的清苦生活，而是难在到哪里去出家。我一直生活在五十几华里的小天地里，在这一区域内，没有庄严的寺院，没有著名的法师。有的是香火道场，有的是经忏应赴。我从经论得来的有限知识，不相信佛法就是这样的，我不能在这样的环境中出家。而且，离家过近，也会受到家族的干扰。我在书本上，知道些名山古刹的名字，但并不知小天地外的佛教情况。我是内向的人，不会找机会，主动地与人谈话，扯关系，所以没有熟人，是不敢冒昧外出的。在我的想像中，一个外来的年轻人，没有介绍，有谁会留他出家呢！如何实现我的出家目的，实在是太难了！

　　因缘终于来了！一九三〇年(二十五岁)五月，报上刊出大

幅广告——"北平菩提学院招生"。主办者大愚法师;筹备处是
"北平东四马大人胡同齐宅";秋季开学,远道的可以通信考试;
资格是男性;二十岁以上,三十岁以下;僧俗兼收。这一消息,如
昏夜明灯,照亮了我要走的前途。我想,在三年修学中,总会熟
识几位出家同学,介绍到那里去出家,应该是没有问题的。我就
这样满有自信的,决定进行出家的计划。

　　试题是"佛法以离苦得乐为目的论"。得到的复信是:"考
试及格,准予入学。"但又附带说:"开学时间,另行通知。"到了
六月,我天天看报,天天等待开学的通知,而开学的消息却始终
没有。我越等越不耐烦,越是急于修学佛法了。当时的天真想
法,横竖要开学,迟几天也没关系,不如到北平再说。我就在闰
六月二十九日的早上,踏上了离家(浙江省海宁县)出家,充满
光明远景,而其实完全不知前途如何的旅程。

　　到了上海,等轮船到天津,再搭火车到北平。那时,正是召
开扩大会议,中央空炸怀仁堂的时节。我到"齐宅"去探问,回
答:"筹备还没有就绪。开学没有确定期间,远道的应等通知
再来。"这一下,我可有点惶惑了。在卧佛寺(也许是卧龙寺)佛
经流通处,选购了几册佛书。谈起菩提学院,这才知道学院是告
吹了。一向被军政名流崇仰的大愚法师,在阎冯战争的逆转中,
失去了信任与支持(大愚法师从此就无声无息地被人遗忘了)。
这一次战争的胜负与我无关,而我寄于无限(出家的)希望的菩
提学院却被弄得无影无踪。我该怎么办呢? 办法是没有的,北
平是那样的人地生疏,连一个熟人也没有。不曾出过远门的我,
对于北平方言,听来异常别扭,连"前门外"都不能顺利地听懂。

这里是不能住下去的,回到南方再说。这样,又坐火车、搭轮船,回到了最近来过的上海。

上海是那样繁忙,那样尽情欢乐的都市。而我在上海的旅馆里,除了对经书出神而外,却没有事可做,没有地方可去,连说话的机会也没有。呆住了几天,想起宁波的天童寺,于是又搭轮船到了宁波。问起天童寺,才知道人力车是不能到达的,先要搭小船,还要步行两小时。天童寺交通不便,我的希望又动摇了,消失了。无事可做,无地可去,无话可说,又在旅馆里呆了几天。呆着不是办法,但没有一个熟人,没有勇气向人诉说要出家的我,有什么办法呢! 忽然想起,南海普陀山离宁波不远,不如去普陀山礼佛敬香。这样,我又到了普陀山。

我住在普陀前山的锡麟堂。我以香客的身份,坐了兜子,前山后山地去逢佛敬香。普陀山寺庙多、和尚多、香客多,而我还是那样的孤独,心里一片茫然。第三天下午,我在客房前的廊下看书,一位青年香客见我所看的是佛书,就自我介绍:南通白蒲人,姓王,他这次是来普陀山出家的。我听了,几乎失声地叫起来。我说:"同道,同道——王先生! 我也是想要出家的呀!"——这是我离家以来,第一次向人吐露了内心的秘密。这样的志同道合,片刻间成为知己,成为茫茫人世的良伴,商量着到哪里去出家——找一个理想的地方。王君随身带来的,有一本《普陀山指南》。仔细检阅,从大寺到小庙,从小庙到茅蓬,发见在"般若精舍"下,写着"藏书极富,主持者有道行"几个字。当下商量决定,第二天上午,专诚去般若精舍拜访。

般若精舍是属于普慧庵的一个茅蓬。我们到了目的地,见房屋不大,双门紧闭。好久,才有一位(只有这一位)严肃而安详的老和尚出来开门。听说我们想研究佛法,就为我们略说佛法大意。我们说:锡麟堂香客往来太多,我们想找一处僻静的所在,安住几个月,对佛法作初步的参研。他向西南角一指说:"有,离这里不过一里路,有个俗名天后宫的福泉庵。当家是福建人,香客也都是福建人,一年不过三四次,平时非常的安静。我也不用介绍,你们说般若精舍老法师指导来的就得了。"我们向他谢别,就向福泉庵来。出来招呼我们的,是一位叫宗湛的知客师。我们说明来意,他就去征求当家的意思。当家的来了,是一位白发白须的老和尚。当家的只是点点头,说了两三句我不能完全明白的话(原来是带有闽南语韵味的宁波话),大意是好的,好的。这样,我们下午就移到福泉庵来。我与王君同住(楼上)一室,在宗湛的隔壁。

第二天傍晚,王君——其实是姜君——的哥哥,追踪而来。说好说歹,姜君跟他的哥哥回家去了,又只剩了我一个人。我与宗湛还谈得来,见我认真地在阅读经论,就为我介绍。十月十一日,我就在福泉庵剃落出家,法名印顺,号盛正。那位白发白须的当家,就是我的恩师上清下念老和尚。般若精舍的那位老和尚,原来是太虚大师的戒兄,被虚大师称誉为"平生第一益友"的昱山上人。我的出家,曾经得到他的指示,所以出家后,顺从普陀山的习俗,礼昱公为义师父。

很多人问我:你怎么会跟一位(语言不通的)福建老和尚出家?我自己也说不出来。我想要出家,而会从福泉庵念公出家,这不但意想不到,梦也不会梦到的。然而,我真的从念公出家了。回忆我离家出家的因缘，空登大幅广告的菩提学院，空跑普陀山一趟的南通姜君，姜君带来的那本《普陀山指南》，都是使我在福泉庵出家的主要因缘。因缘是那样的离奇，难以想像！无意中得到昱公的指导，我终于在普陀福泉庵，跟一位福建老和尚出家，又始终受到先师的慈荫，这不能不说是夙生的缘分。

三　普陀·厦门·武昌

一九三〇年（二十五岁）十月底，与师兄盛明到天童寺去受戒，戒和尚是上圆下瑛老和尚。名山的庄严气氛，留下了深刻的回忆。在普陀过了旧年，得到先师的同意与资助，我就于一九三一年（二十六岁）二月，到厦门南普陀寺闽南佛学院（以下简称闽院）求法，插入甲班（第二学期）。暑期考试还没有终了，我就病倒了，精神一直不能恢复。八月初，代院长大醒法师要我去鼓山涌泉佛学院教课（实际是易地休养）。在鼓山，礼见了当代的名德——虚云与慈舟二老。我那时出家不久，对丛林规制、佛门惯例，什么都不懂。冒冒失失的样子，现在想起来，还有点觉得可笑。年底，我回到厦门过旧年。

一九三二年（二十七岁）上学期，大醒法师要我为甲班——我的同班同学讲课。我有经不起人说好话的习性（问题是自己不会应付，不会说话，没有那股断然拒绝的勇气），竟然答应下来。我是作为与同学们共同研究的；好在一向与人无争，又没有老师气派，同学们也就将就些听了。暑假中，我不慎地说了几句话，大醒法师觉得我站在同学一边。我那时忽然警觉过来：我是发心出家求法而来的,听不到四个月的课,就在这里当法师,真是不知惭愧!这里,不可能达成我的求法愿望,我应该自求充实。但我怎样离开闽院呢?在师长面前,我是拿不出不顾一切的勇气,于是想了一个办法:我写信给普陀山福泉庵,要他们这样地写封信来——你家里的人,来常住找你,吵吵闹闹,你赶快回来自己处理。我就凭这封信去告假,大醒法师临别赠诗:"南普陀归北普陀,留君不住但云何!去时先定来时约,莫使西风别恨多。"我就这样地走了。现在台湾的学长默如、戒德,那时也在闽院授课,也许还记得有这么一回事。

一九三二年(二十七岁)初秋,我就住到佛顶山慧济寺的阅藏楼看藏经。这个自修环境,虽然清苦些(就是找不到钱),为我出家以来所怀念为最理想的。好处在常住上下,没有人尊敬你,也没有人轻视你,更不会来麻烦你。在这里足足地住了一年半,为了阅览三论宗的章疏,在一九三四年(二十九岁)正月,又到武昌佛学院(以下简称武院,那时名为世界佛学苑图书馆)。新年里,先与华清法师(谛闲老的法子)去雪窦寺,我第一次礼见了虚大师。然后经上海到南京,访晤在中国佛学会服务的灯霞同学,瞻仰了中山陵。我又去栖霞山,瞻礼三论宗的古道场。在南京上船去武昌,意外地遇到了敏智、肇启(?)二位,从天宁寺来,也是要去武院的。我在武院半年,三论宗的章疏读完了,天气太热,我就回到了佛顶山。

六七月间,虚大师附了常惺法师的来信,邀我再去厦门。那时,闽院已由常惺法师任院长,人事有了变动。在当时的青年学僧心目中,常惺法师是一位被崇仰的大德,我也就决定去一趟。

住了半年,在一九三五年(三十岁)正月,我就与常惺法师的法子(南亭法师法弟)苇中法师,同船回上海。我再住佛顶山的阅藏楼,直到一九三六年(三十一岁)底,才以不可思议的因缘而离开了普陀。

这里,我想叙述一则痛心的因缘。当我(一九三五年)要离开闽院时,一位苏北同学——圣华,搭衣持具来顶礼,说愿意亲近法师。我生于浙江,出家于浙江,所以不懂得这是什么意思,只告诉他:"我要回去看藏经,将来有缘共住吧!"圣华是文质彬彬谦和有礼的。后来,他也要来看藏经,我告诉他阅藏楼的一切实际情形,并且说慧济寺是子孙丛林,我虽是亲房,也等于客住。但他误会了,来了。在他长养于苏北寺院的传统意识里,以为我久住佛顶山,将来会在佛顶山做方丈的。他来亲近我,就有受记做方丈的希望。我发见了他的错觉,一再地谈些佛顶山的历史,佛顶山的家风,但他着了迷一样的,怎么也不肯相信。一九三六年冬天,我离开了普陀,圣华似乎失去了世间的一切,不久就变得神经错乱。圣华的本性,温和纯良,洁身自好,虽然能力薄弱些,但可以做一个好和尚。在苏北佛教的环境中,如出家而不能受记、当家、做方丈,那是被轻视的,可耻的,简直有见不得爹娘、见不得师长的苦衷。圣华就是被这种传统所害苦了的!圣华的不幸,使我对于今日佛教的一角,有了新的认识,新的叹息!

四 谁使我离开了普陀

为游览而出去游览,我平生只有过一次。只此一次,恰好免除了抗日期间陷身敌伪下的苦境,可说是不自觉地预先在安排避难。经过曲折而希奇,因缘是不可思议的!

一九三六年(三十一岁)秋天,我在普陀佛顶山完成了全藏的阅读,心情顿觉轻松。偶尔去客堂(颂莱同学在客堂任知客),才听说九月里,蒋委员长(即总统蒋公)五秩大寿。经国先生令堂毛太夫人,在天台山国清寺为委员长祝寿。在山上普设千僧大斋,通告各方:结缘是每人海青料一段,银圆一元。这个消息,忽然引起我的动念:天台山国清寺,是智者大师——天台宗的根本道场,我从来不曾去过。名山胜地,何不趁此斋会,顺便去瞻仰一下!一举两得,越想越好,九月中旬,我就背起衣单,过海赶千僧斋去了。

一到宁波,就去延庆寺,这是亦幻法师总持事务,与虚大师有关系的道场。几位熟识的道友,见我那个挂单模样,要去天台山赶斋,就劝我说:“这次千僧斋会,去的人实在太多了。这几天的国清寺,不但住众挤成一团,无单可安(没有睡觉的地方),连饮水也有了问题。天台山是值得去的,但如不是为了一块钱、一块布,那大可不必赶着去受苦。过几天,斋会过了,我们介绍你去住几天,到处瞻礼,何等自在!”我是个一向懒于赶斋,生怕睡眠不好的人,听他们这么一说,也就暂时留下,等过了斋期(寿诞)再去。

在延庆寺住了两天,吃饭睡觉,实在乏味。想起了慈北白湖(鸣鹤场)金仙寺,是亦幻法师住持的地方。听说风景优美,芝峰法师及守志(即竺摩)、月熙等同学都住在那里,倒不如先去白湖走一趟,回来再上天台山不迟。决定了,就到金仙寺来。这里倒是一个好地方,湖光山色,风景着实不错! 在这里自修,应该是极其理想的,但在我的感觉中,似乎太自由了一点。

金仙寺住了几天,打算明天要回宁波了。厦门的慧云(俗名林子青)忽在傍晚的时候来了,他就是从国清寺赶了斋下来的。大家见面,有说有笑。说不到几句,慧云忽然想到了什么,拿出银圆二十元给我(那时的币值很高)说:"知道你在普陀,却找不到通讯处,我也无法寄给你。隆耀说:别的无所谓,只是印顺同学的二十块钱,无论如何,你也得代我交还他。难得在这里遇到了你,我也总算不负人之托了。"慧云来得意外,二十块钱也来得意外,这里面原是有一段因缘的。

一九三四年(二十九岁)下学期,我在闽院教课。隆耀(宝华山引礼出身)、慧云,受台湾开元寺的礼请,一个羯磨,一个教授,要到台湾去传戒。隆耀想到见了台湾的诸山长老,也得备点礼物,表示敬意。他是没有钱的,没有别的办法,就来找我这个穷同学,商借二十元。二十元,是我所有的不少部分。我与隆耀没有特别的友谊,但我毫不犹豫地答应了他。他们传戒终了,正想离台返厦,却被日本刑警逮捕,严刑苦打。曾传说隆耀(身体本来瘦弱)经不起刑责,已经死了。一九三五年正月,我离开厦门,从此杳无消息,我也早已忘记这二十元了。想不到隆耀没有死,也没有忘记我,自己还在台湾休养,首先就设法托慧云归还我。佛经说:种因的会结果,欠债的要还钱,这原不过迟早——今生或来生而已!

慧云是从杭州去天台山的。说到杭州,慧云的话就说开了。"杭州开化寺六和塔住持妙乘,是闽院老同学,对于闽院同学,来者不拒,去者不追。到了他那里,有吃有住。至于参观游览,那就各人自由。"慧云说:"我住在六和塔,已一个多月了。"月熙想到杭州去,邀我同行。出家以来,我没有去过西湖。现在有人导游,还得了意外的财物(二十元),我也就放下天台山,先作杭州西湖之游了。

晚上,才到了钱塘江边的开化寺。第二天(国历十一月六日)早餐毕,妙乘提议:"今天太老(指虚大师)在灵隐寺讲《仁王护国般若经》。我们是云来集菩萨,也该去参加开经法会才是。"大家没有异议,上午就到了灵隐,我也随众礼见了虚大师。下午听完了经,就回开化寺。晚上,慧云对我说:"太老好像有话要和你说似的。"我说:"我倒没有觉得。"但我心里想:虚大师也许会有话要和我说的。去年(一九三五年)(国历)四月间,为了组织中日佛学会,出席泛太平洋佛教青年会,我不同意虚大师的态度。大师自己不参加,却默许部分的弟子去参加。我以为:日本军阀的野心是不会中止的,中日是迟早要一战的。处于这个时代的中国佛教徒,应爱护自己,不宜与特务化的日僧相往来。也许措辞过分激烈了,我与大师的联络,也就中断了一年多。

过了两天,妙乘在开化寺设斋,供养虚大师,没有外客。在席上,虚大师向我提起:武院要办研究班,这是由上海三昧庵宽道发心每月资助(二)百元而引起的。有几位研究三论的,所以希望我去武院,指导他们研究。我说了几句谦辞的话,大师以"去一趟"来结束话题。这就是虚大师所要与我说的,说了也就算了。

　　我在杭州住了一星期，忽然游兴大发，也许是二十块钱在作怪。离开杭州，首先到嘉兴楞严寺挂单。常住佛事兴隆，我被派去拜了一天梁皇忏。看情形不对，第二天起单，到旅馆去住了一天。多少游览，就搭车去江苏的镇江。访玉山超岸寺，见到了守培老法师。寺主雪松，陪我去金山；又到竹林寺一宿，见到正在编辑《中国佛教人名大辞典》的震华。回到超岸寺，梵波（也许是养波，一位武院的同学）从焦山来，我就随梵（？）波去焦山。焦山的住持静严，是闽院的同学，在这里受了几天招待。忽有六度（也是去过闽院的）从庐山大林寺下来，要回小庙去，他就成为我漫游的引导者。陪我去扬州；到如皋的菩提社，这是六度出家的地方。我住了好多天，多少领略到苏北寺僧的生活情形。然后经过南通，参观了啬公墓，吴画沈绣之楼——楼上藏有历代名人的观音画像。最后到了狼山，这里也有一位力定同学。住了两三天，这才与六度话别，而搭轮船回上海。三个星期的漫游，漫无目的的游历，钱也用完了，人也累了，游兴当然也就没有了。天台山以后再说，决定先回普陀去。

　　虚大师创办的中国佛学会上海市分会，是附设在三昧庵内的，听说灯霞同学在那里当干事。我在决定回普陀山的前一天，去三昧庵看他。谈了一回，准备走了，他说："下午请常惺法师演讲，你吃了午饭，听完讲再走吧！"也好，我横竖是没有事的。午后，慧云、妙乘，又在这里碰上了，真是巧合！妙乘一直埋怨我："走了也没说个去处！在你走了以后，太老一再派人来找你。"我说："到哪里，我自己也不知道呀！"不久，虚大师来了，常惺法师也来了，三昧庵主宽道（原是普陀洪筏院子孙）当然也到了。讲演完毕,大家坐下来,虚大师重申前议,要我到武院去。大家帮着大师说话,不善词令的我,在这师友的包围下,实在应付不了。虚大师拿出二十块钱,给我作旅费。我还是要推,妙乘可说话了:"老法师给几个钱,我们做弟子的,只有说声谢谢。你去不去武昌,都没关系,慢慢决定好了。"不会说话的我,就这样没奈何地收了下来。回到普陀山,越想越不是滋味。我真是不该到三昧庵去的!但我又怎么知道三星期的漫游,会在这里碰上了呢!约会也没有这么巧呀!武院,我是去过的,并不想再去;特别是武汉的炎热,我实在适应不了。可是旅费已拿了,拿钱而不去,我是不能这么做的,除非将钱退回去。想来想去,也许还是(缺乏断然拒绝,不顾一切的勇气)人情难却,没奈何地决定:去一趟,明年早点回普陀山度夏。

从普陀到武昌,已经是腊月中旬了。一九三七年(三十二岁)的五月初,我就病倒了——老毛病。痾了几天,温度忽然高起来,院方才把我送入汉口某日本医院。住了十几天,才出院回来。天气那样的热,睡眠不足,饮食减少,病虽说好了,身体却还在衰弱下去。国历七月七日,卢沟桥的抗日炮声响了。国历八月十三日,淞沪的战争又起。到国历十二月四日,南京也宣告失守。想回普陀的希望,是越来越不可能了!身体一直在奄奄无生气的情况下。到一九三八年(三十三岁)七月,武汉也逐渐紧张起来,这才与老同学止安经宜昌而到了重庆,我就这样地渡过了抗战八年。我为什么到四川?追随政府哪,响应虚大师的号召(共赴国难)哪,这些冠冕堂皇的理由,对我是完全不适用的。在我的回忆中,觉得有一种(复杂而错综的)力量,在引诱我,驱策我,强迫我,在不自觉、不自主的情形下,使我远离了苦难,不致于拘守普陀,而受尽抗战期间的生活煎熬。而且是,使我进入一新的领域——新的人事,新的法义,深深地影响了最近二十几年来的一切。抗战来临的前夕,一种不自觉的因缘力,使我东离普陀,走向西方——从武昌而到四川。我该感谢三宝的默佑吗?我更应该歌颂因缘的不可思议!

五　最难得的八年

最难得的八年(一九三八年七月到一九四六年三月),为我出家生活史中最有意义的八年,决定我未来一切的八年。

一九三八年(三十三岁)五月,武汉外围一天天紧张起来。老同学苇舫(苏北人),在武院编《海潮音》,也是当时武院的管理者。他一直说要与向领江的结缘船(行驶重庆上海间的福源轮船)接洽,送我们——我与老同学止安去四川。但是结缘船一班又一班,武汉三镇的尼众去了不少(后来虚大师为她们成立尼众避难林),就是轮不到我们。七月中,止安着急了,自己出去想想办法,当下就买了两张到宜昌的票回来,陪着我去宜昌,暂住古佛寺。一到宜昌,才知道问题严重。在宜昌等船入川的,真是人山人海,去四川的船票,我们是没有能力(有钱也不成)买到的。后来,还是亏了向领江的结缘船,才能顺利地到达重庆。向领江的结缘船,不用接洽,也不用买票,只要出家人,就可以一直走上去。在船上,有饭(素菜)吃;到了重庆南岸,每人还给两毛钱的轮渡费。向领江半生结缘,真正功德无量! 我们的船一到,老学长乐观早在码头上摇手,招呼我们。

第二天,我与止安就去了北碚缙云山,住在汉藏教理院(以下简称汉院)。法尊、法舫、尘空、雪松(前超岸寺寺主)诸法师,都在这里。最初的一年半中(一九三八年七月到一九三九年底),法尊法师给我很多的法益。他是河北人,没有受过近代教育,记忆力与理解力非常强。留学西藏并不太久,而翻译贡献最大的,是他。在虚大师门下,于教义有深广了解的,也是他。我为他新译的《密宗道次第广论》润文,遇到文字不能了解的,就去问他。黄教对密乘的见解与密乘的特质,我因此而多少了解一点。他应我的请求,翻译了龙树的《七十空性论》。他将《大毗婆沙论》译为藏文(没有完成),我每晚与他共读论文,有什么疑难,就共同来推究。我们经常作法义的探讨,我假设问题以引起他的见解;有时争论不下,最后以"夜深了,睡吧!"而结束。这样的论辩,使我有了更多与更深的理解。深受老庄影响的中国空宗——三论宗,我从此对它不再重视。法尊法师是引发了一些问题,提供了一些见解,但融入我对佛法的理解中,成为不大相同的东西。他对我的见解,当然是不能完全同意的,但始终是友好的,经常共同讨论。我出家以来,对佛法而能给予影响的,虚大师(文字的)而外,就是法尊法师(讨论的),法尊法师是我修学中的殊胜因缘!

一九四○年(三十五岁),我去了贵阳。大觉精舍是华府所兴建,天曦老法师弘化的道场。曦老去世了,曦老的徒孙明照在汉院求学,就约我到贵阳去。那时是战时,我又没有活动力,所以没有做什么,只是自修,写《唯识学探源》。施主华问渠先生,已失去了他父母那种信佛护法的精神，而只是父母传下来，不好意思结束，姑且维持下去。年底，我回汉院过年。

　　到了汉院，就见到从香港来汉院旁听的演培、妙钦与文慧。一九四一年（三十六岁），我就为他们讲《摄大乘论》，大家非常欢喜。秋天，演培约了几位同学，到合江法王寺办法王学院，请我去当导师。导师原是不负实际责任的，但适应事实，逐渐演化为负责的院长。一九四四年（三十九岁）夏天，三年圆满，我才又回到汉院。在这一期间，又见到了光宗、续明、了参他们。

　　在四川（一九三八——一九四六年），我有最殊胜的因缘：见到了法尊法师，遇到了几位学友。对我的思想，对我未来的一切，都有最重要的意义！我那时，似乎从来没有离了病，但除了不得已而睡几天以外，又从来没有离了修学，不断地讲说，不断地写作。病，成了常态，也就不再重视病。法喜与为法的愿力，支持我胜过了奄奄欲息的病态。

六　业缘未了死何难

　　"人命在呼吸间"，佛说是不会错的。健全结实的人，都可能因小小的因缘而突然死去。死，似乎是很容易的，但在我的经验中，如因缘未尽，那死是并不太容易的。说得好，因缘大事未尽，不能死。说得难听些，业缘未了，还要受些苦难与折磨。

　　话，应该说得远一点。我是七个月就出生的；第十一天，就生了一场几乎死去的病。从小身体瘦弱，面白而没有血色。发育得非常早，十五岁就长得现在这么高了。总之，我是一向不怎么结实的,但出家以前,倒也不觉得有什么病。

二十五岁出了家,应该好好地精进一番。但是,"学佛未成成病夫",想起来也不免感伤。一九三一年(出家的下一年)五月,我在厦门病了,天天泻肚。同学们劝我医治,我总是说:"明天再说。"我没有医病,问题是没有钱。我不能向人借钱,我没有经济来源,将来拿什么还人呢!记得故乡的一句俗语:"有钱药又药,没钱拼条命不着。"病,由它去吧!又信同学(普陀锡麟堂子孙)来看我,一句道破:"你是没有钱吗?""是的,只有一块钱。"他说:"够了,够了,我给你安排。"买了一瓶燕医生补丸(二角八分),让它泻一下,不准吃东西。买半打小听的鹰牌炼乳,一天可吃三次。用不到一块钱的特别办法,果然生效,病就渐渐好了。但病后没有调养,逢到天气炎热,睡眠不足,身体不免虚弱下来。一位同学死了,上山去送往生。经不起山风一吹,感冒咳嗽,这算不得大病。一直拖到七月,精神还是不能恢复。承大醒法师的好意,派到鼓山去教课。山上空气好,天也凉快了,这才好转过来。

一九三七年(三十二岁)五月,又在武昌病了,老毛病。病好了,还是一天天衰弱下去,从睡眠不足而转为失眠,整天都在恍惚状态中。有时心里一阵异样的感觉,似乎全身要溃散一样,就得立刻去躺着。无时不在病中,对我来说,病已成为常态。常在病中,也就引起一些观念:一、我的一句口头禅:"身体虚弱极了,一点小小因缘,也会死过去的。"二、于法于人而没有什么用处,生存也未必是可乐的。死亡,如一位不太熟识的朋友。他来了,当然不会欢迎,但也不用讨厌。三、做我应做的事吧!实在支持不了，就躺下来睡几天。起来了，还是做我应做的事。"做一日和尚撞一日钟"，我有什么可留恋的呢！但我也不会急求解脱，我是一个平凡的和尚。

"身体虚弱极了，一点小小因缘，也会死过去的。"我存有这样的意念，所以我在武昌，一向是不躲警报的。因为我觉得：如真的炸中了，哪怕小小弹片，我也会死去的，不会伤残而活着受罪。一天晚上，敌机来得特别多。武院当时住有军事器材库（科？），一位管理员，慌得从楼梯上直滑下来。有人急着叫我，我没有感激他，相反的嫌他啰苏，这可以反映我当时的生死观了。然而这一观念，在我两次应死而不死的经验中，证明了是并不正确的。

一次是一九四一年（三十六岁）的中秋前夕，我在缙云山。月饼还没有吃到，老毛病——肚子倒先有了问题。腹部不舒服，整晚难过得无法安眠（可能有点发热）。学院的起身铃响了——五点半，天色有点微明。我想起来去厕所，身体坐起，两脚落地，忽然眼前一片乌黑，一阵从来没有经验过的异样的疲倦感。我默念"南无佛，南无法，南无僧"。我不是祈求三宝的救护，而是试验在这异样的境界中，自心是否明白。接着想："再睡一下吧！"这应该是刹那间事，以后就什么都不知道了。忽然有了感觉，听到有人在敲门，是同事在唤我早餐了——七点钟。看看自己，脚在地上，身体却搁在床上；满裤子都是臭粪。慢慢起来，洗净了身体，换上衣服，再上厕所去。我知道，这是由于腹泻而引起的虚脱。昏迷这么久——一点多钟，竟又醒过来了。我想，假使我就这样死了，也许别人看了，会有业障深重，死得好惨的感觉。然在我自己,觉得那是无比的安详与清明。我不想祈求,但如将来这样死了,那应该说是有福的。

另一次是一九四二年(三十七岁),我在四川合江(法王寺所办的)法王学院。一个初夏季节,常住为了响应政府的减(或是限)租政策,晚上(农夫们白天没有闲)召集佃农,换订租约。法王寺的经济,就是田租;田多,佃农也多,一则一则地换订新约,工作极其繁重,我也得出来帮助一下。我的工作是计算,田几亩几分几厘,年缴租谷几石几斗几升几合。佃约写好了,我又拿来核对一下,以免错误。这一晚,直到早上三点多钟才结束。

过度疲劳,我是睡不着的。早餐后,还是睡不着,于是出门去散步。寺在深山,沿途是高低起伏的曲径。经过竹林旁边,被地上的落叶一滑,就身不由主地跌了下去。只觉得跌到下面,站不住而又横跌出去,别的就什么都不知道了。约有半点多钟,我才逐渐醒过来。觉得左眉有点异样,用衣袖一按,有一点点血。站起身来一看,不禁呆了,原来从山径跌下来,已翻了四层坡地,共有四五丈高。我也顾不得一只鞋子还在上层,就慢慢地走回来。最后,爬上三四十层石级,才到达寺院。那一天,学僧们出坡采茶子去了,演培带着学僧们上山,仅有文慧在院里。左眉楞骨上的伤痕,深而且长,可是出血不多(也许这里微血管不多)。文慧就为我洗净,包扎好。我上床睡了一下,忽然痛醒了。右脚的青筋,蚯蚓般的一根根浮了起来,右脚痛得几乎不能着地,原来脚筋受了重伤。深山无医无药,想不出办法。到合江去就医吗,距离七十五华里,坐着滑竿急急地走,也要八个小时。我在山上跌伤了,惊动了全寺。丈室的一位老沙弥,自己说会医,看他说得很有信心，也就让他医了。他用烘热了的烧酒，抹在筋上，一面用力按摩。他是懂得拳术的，把我的右脚，又摇又拉，当时被按摩得很痛。人疲倦极了，渐渐睡去，等到中午醒来，青筋不见了，脚也不痛了。这类急救，比西医还有效而迅速得多。极度衰弱的人，跌了这么一跤，竟然没有死去。不但没有死，眉心的创伤，几天就好了，连伤疤也没有留下多少。脚筋扭伤了，恰巧有一位老沙弥，一摩就好。只是上面的门牙，跌松而长出几分；下齿折断了两根。不好看，咀嚼也不中用，但上牙又自然地生根，到一九六六年（六十一岁）才拔去。这一跤，不能说不严重，可是没有死去，也没有留下伤痕，真是奇妙的一跌！这一跤，使我有了进一步的信念。"身体虚弱极了，一点小小因缘，也会死过去的"——这几句口头禅，从此不敢再说了。业缘未了，死亡是并不太容易的。

一九六七年（六十二岁）冬天，我去荣民医院作体格检查。车是从天母方面过去的。我坐在司机右侧，后座是绍峰、宏德，还有明圣。医院快要到了，前面的大卡车停了，我们的车也就停了下来。不知怎的，大卡车忽然向后倒退，撞在我们的车上。车头也撞坏了，汽车前面的玻璃，被撞得纷纷落在我的身上。大家慌张起来，我坐着动也不动。他们说我定力好，这算什么定力！我只是深信因缘不可思议，如业缘未尽，怎么也不会死的（自杀例外）。要死，逃是逃不了的。我从一生常病的经验中，有这么一点信力而已。

七　我回到了江南

抗战胜利了,举国欢腾,我也该回去了！但是,不要说飞机,就是沿长江而下的轮船,也是票价贵得吓人,还要有人事关系才行。这不是我们所能的,安心地等着吧！一九四六年(四十一岁)清明前后,才发现了一条可以回来的路,那就是经西北公路到宝鸡,再沿陇海路东下。虽然迂回了一点,但到底是可以通行的,而且还可以瞻仰隋唐盛世的佛教中心。我与演培、妙钦,他们连皮箱都卖了(我是想卖也是没有可卖的),凑足了旅费,才离开了值得怀念的汉院。从重庆出发,那时的光宗与了参,在重庆相别,他们正准备去锡兰深造。

到了西安(古称"长安"),受康寄遥居士的招待。在佛学社、寄园住了几天,移住城南的大兴善寺。这里,有筹办巴利三藏院的计划；一位汉院同学×悟,在这里主持一个初级佛学院。我们借了一辆牛车,费了一天工夫,才到罗什塔去瞻礼。那时的罗什塔,等于一所乡村小庙,想起逍遥园时代的盛况,都不禁有无常之感。我们去瞻仰兴教寺、大慈恩寺等古刹。名刹多少还留点遗迹,所以西安一带,寺多僧少,地大寺小,隋唐佛教的光辉,在这里已完全消失了！

经洛阳、郑州,到达开封。铁塔寺与开封佛学社,都是净严法师主持的。净严是武院的老学长,从慈舟老法师出家。那时,续明也在这里。我经过一个多月的辛苦,病倒了,只能留下来养病,让演培与妙钦先回去。我住在佛学社,又上了现代佛教的一

课。一位宪兵司令(大概是驻郑州的),有事到开封来,到佛学
社来看净严法师。净严法师而外,戴湄川居士(前国会议员)也
在座。这位司令谈起了佛法:他曾以"色不异空,空不异色;色
即是空,空即是色",考问过好几位法师。在重庆也问过法尊法
师,也还是差一点。戴湄川说:"司令对佛法真是深有研究了!"
他说:"抗战,剿匪,为国家服务,还不能专心研究;曾看过一部
有注解的《心经》。"他走了,戴湄川说:"好小子! 我真想刮他两
个耳光。凭他看过一部《心经》注解,就狂妄到那个样子!"这件
事,对我的印象极深。出家人对佛法不大留心,而对军政名流、
护法居士却一味奉承逢迎,按时送礼请斋。说到佛法,自己不会
说(也有谦恭而不愿意说),却来几句:"大居士深通佛法","见
理精深","真是见道之言"。被奉承的,也就飘飘然连自己的本
来面目都忘了。凭固有的文字根柢,儒道思想,读几部经,看几
则公案,谈禅、说教,就是大通家了! 轻视出家人的风气,那位司
令只是最特出的一位! 为什么会这样? 就是自己无知,却奉承
逢迎,攀缘权势。所以,如果说有"四宝",那只因僧不成宝,怪
不得别人。我从不要求大居士的尊敬(对佛法的理解),也从不
会恭维他们,免他们陷于轻僧、毁僧,连学佛的基础——皈依三
宝功德都不能具足。

　　我准备要东下了。七月十五日,佛学社有法会。下午,忽然
时局紧张起来,开封城外也听到了枪声。据说兰封的铁路被八
路军扒了。沿陇海路东下的希望没有了,一切唯有让因缘来决
定。隔一天,净严法师与我到了郑州。我再从郑州南下到武昌。
在郑州着了凉,在武院咳嗽了一个多月,暂时留了下来。武院的

房屋,在苇舫的努力下,正在补修恢复。

一九四七年(四十二岁)正月,我回到了上海,在玉佛寺礼见了虚大师。大师那时有说不完的不如意事,心情沉重。那时的杭州灵峰办理武林佛学院,演培与妙钦都在那里任教,所以我先到杭州去看看。大师说:"回来时,折几枝梅花来吧!"灵峰是杭州探梅的胜地。我去了几天,就得到虚大师病重,继而逝世的消息。我折了几枝灵峰的梅花,与大家一起到上海,奉梅花为最后的供养。我在开封,在武昌,一再滞留,而终于还能见到大师,也算有缘了!大师的弟子都来了,我被推主编《太虚大师全书》。这是我所能做的,也就答应了。与续明、杨星森,在三月里到了雪窦,受到寺主大醒法师的照顾。

一九四七年与一九四八年,我都回过普陀山,那只是为了礼见先师。普陀山一切都变了,阅藏楼也变了,其实京、沪、杭一带的佛教都变了,变得面目全非。一切都变了,有一切无从说起的感觉。一九四八年(四十三岁),从普陀回杭州,要进行"西湖佛教图书馆"的筹备工作。经过宁波,到延庆寺,恰好见到了锡兰回来的法舫法师,他是去雪窦礼敬虚大师舍利而下来的。大醒法师感慨地说:"雪窦寺存有多少钱,多少谷,请法舫法师继任住持,来复兴虚大师主持过的道场。我说了两天一夜,现在连听也不要听了!"我说:"我来说说看。"我说明了雪窦寺的实况:雪窦寺的好处——蒋主席的故乡,常住经济也可维持二十多人;雪窦寺大醒法师也有些困难,最好法舫法师能发心接任。我说了好处,又说了坏处(大醒法师专说好处),法舫法师就接受了,忙着准备晋山。虽然时局变化,等于没有这回事,我内心还是很欢喜的。亦幻法师说："法舫住持雪窦,将来办学,印顺一定会来帮助的。"这种适合一般人的想法,对我是不一定适合的。

八　厦门·香港·台湾

千僧斋,慧云交来的二十元,游兴勃发,三昧庵的突然相逢,武昌的病苦,使我意外地避免了敌伪下生活的煎熬。现在,又一次地避免了战祸,已过了二十多年的自由生活。我的身体衰弱,不堪长途跋涉。生性内向而不善交往,也不可能有奔向(语言不通的)香港与台湾的决心。我是怎样避免了的? 这是又一次不自觉地在安排,预先脱离了险地。

因缘是非常复杂的,使我远离战祸的,主要应该是妙钦。妙钦与演培等,在汉院同住了几年,在法义的互相论究中,引发了一种共同的理想。希望在杭州一带,找一个地方,集合少数同学,对佛法作深一层的研究。一九四七年(四十二岁)冬天,以佛性(禅定和尚的弟子,曾在汉院任监学)名义,接管杭州岳坟右后方的香山洞,筹组"西湖佛教图书馆",就是这一理想的初步实施。这是我对佛法的未来理想,理想只如此而已。在几位学友中,我是大了几岁的,隐隐然以我为主导,但我没有经济基础,连自己的生活都解决不了。那该怎么办呢? 当然写缘起哪(这是我的事),找赞助人哪(佛性出去跑了几趟),而主要却寄希望于妙钦的一位长辈。

妙钦是厦门(原籍惠安)人,与性愿老法师有宗派的法统关系。抗战期间,性老开化菲岛。一九四八年冬天,性老回国,在南普陀寺举行传戒法会。本来,性老与虚大师的风格是完全不同的。虚大师门下,在闽南长老,特别是性老的心目中,也没有留下良好的印象。我想,也许我是念公(福建金门人)的弟子,但主要是妙钦为我在性老前的揄扬。妙钦也希望我趁此戒会,与性老见面,可能将来会对我们的理想能有所帮助。性老来信,要我去厦门,随喜这难得的戒会,旅费也寄来了。说来有点离奇,传戒法会,远道去礼请羯磨、教授、引礼,是常有的;远道礼请人去随喜,是不曾听说过的。我不好辜负性老的盛意,只能以祝贺者的心情,由妙解(妙钦的师弟)陪从,离杭州而去厦门。

那时,已是一九四八年十月,金元券的价格开始下落。买轮船票不容易,妙解从(福建人开的)桂圆行弄到一张船票,上船交钱。两个人,一张票,上去再说。等到轮船快开,也就是要买票了,才知道票价涨起十分之五,我们的钱只够买一张票了,怎么办? 我当然是没有办法的。妙解展开了外交活动,用闽南话与人攀谈。一位(走单帮的)青年攀上了,他母亲是常去南普陀寺进香的。就凭这点,向他借到了买票的钱。年轻人有活力,能创造因缘,想到自己那样的纯由因缘的自然推动,实在太没用了。亏了妙解,我才能到达厦门。可惜他远去星洲,因缘不顺,年轻轻的早死了!

我就这样的,意外地到了厦门。传戒法会终了,性老约我去泉州(我就只去了一次)。先到同安的梵天寺,这里是先师念公,师弟印实,我(先师为我代收)的徒弟厚学在管理。同安梵天寺,是著名的古刹,但现在是衰落极了! 过了一宿,又随从性老到泉州,住在百原寺(也就是铜佛寺)。泉州三大名刹——开元寺、承天寺、崇福寺,及开元的东西二塔,都曾去瞻仰。性老留在泉州过年,我先回厦门,已是年底,常住的年饭都已经吃过了。

一过新年,一九四九年(四十四岁)正月,京沪的形势紧张,我就住了下来。随缘办了一所"大觉讲社",演培、续明也都约到厦门来。到了六月,漳州、泉州一带,战云密布,我就与续明、常觉、广范、传×,离开了厦门,到达香港。我怎么会到香港? 当然是为了避免战祸。法舫法师在香港,一再催我到香港,并说住处与生活一定会为我安排,我多少有了短期可托的信念,而我内心的真正目的,是想经云南而到四川北碚的缙云山。法尊法师来信:局势不妙,早点到四川来(以为抗战时期那样的可以偏安),免得临时交通困难。我对缙云山,是有一分怀念的,我就这样地到了香港。妙钦那时已去了马尼拉,寄一笔钱来,决定在港印行我在"大觉讲社"所讲的《佛法概论》。等到《佛法概论》出版,大陆的局势急转直下,缙云山已是可望而不可能再去的了。《佛法概论》为我带来了麻烦,然我也为它而没有滞留大陆,因缘就是那样的复杂!

我又到了台湾。到台湾,应有三次因缘:一九四九年(四十四岁)初夏,大醒法师劝我到台湾,词意非常恳切,我也有了到台湾的意思。但他在信上说:"你来,住所我一定可以为你设法。"这一说,我可犹疑了。我不会闽南话;不会与人打交道,拉关系;我也不能帮常住的忙。寄居台籍的寺院,自觉难以适应,所以也就没有来。

一九五〇年(四十五岁),我住在香港新界大埔墟的梅修精舍。黄一鸣("国大")代表也住在大埔墟,曾见面数次。黄代表自认皈依太虚大师,也与灯霞相识。他要到台湾,见我们的生活太苦,劝我到台湾去。他到了台湾,大概在李子宽老居士(以下简称子老)面前提到了我,并说我想到台湾来。所以子老给了我一封信,首先表示欢迎,接着说:《太虚大师全书》正在香港印行,希望我能继续主持,完成后再来台湾。《全书》的印行,我不负任何责任,所以当时读完了信,真说不出是什么滋味。其实,这是黄代表的好意,我当时并没有来台的意思。事后回忆起来,我应该感谢子老。因为,要等政局比较安定,政治更上轨道,一九五二年(四十七岁)秋天,我才可以来台。如一九五〇年就到了台湾,免不了一场牢狱之灾。远避战祸,我有意外的因缘;到台湾也就有较安全的因缘——因缘是那样的不可思议!

九　墓库运还是法运亨通

一九五三年(四十八岁)夏天,我从台湾回香港,搬运书物及处理未了的手续。在识庐住了好几天,我对优昙学长说:"我交墓库运了!"(这是家乡俗语,墓库运会遭受种种恶劣的境遇)他问我为什么?我将去年(一九五二年)的事告诉他。从去年起,种种因缘追迫而来,看来是非受苦难与折磨不可了。优兄为我欢喜,说我法运亨通。但到了现在,我还不能决定,这真的是法运亨通吗?

善于把握机缘的,人生是随时随地,机缘都在等待你。但在我自己,正如流水上的一片落叶,等因缘来自然凑泊。我不交际,不活动,也不愿自我宣传,所以我不是没有因缘,而是等因缘

找上门来。这当然是生活平淡,少事少业了。可是一到一九五
二年(四十七岁),因缘是一件件地相逼而来,有的连推也推不
掉,这是我一生中仅有的一年。因缘的追逼而来,真是太不可思
议了!这一年的因缘,值得一提的,至少有十件。

一、正月初三日,我与演培、续明等出门去拜年——没有别
的,只是识庐与鹿野苑。到了香港识庐,续明去湾仔的香港佛教
联合会,这是我们曾经暂住的地方。续明带回了一封信,信是去
年十一月中(却要在这一年收到)槟城明德法师寄来的。信中
问我:听说你有一部《中观论颂讲记》,要多少钱才能印出?他
愿意发心来筹募。明德法师与我过去并不相识,也没有法统的
关系。这样的为法而发心,使我感动。后来筹集的款项,超过了
印费,余款又印了一部《胜鬘经讲记》。为了付印,我又检读了
一遍原稿,忙了好多天(校对由续明他们负责)。

二、当天下午,到了荃湾鹿野苑,这是江苏栖霞山的下院。
我们那时寄住的净业林,就是鹿野苑三当家(当时的实际负责
者)的精舍。到了新年,我们是应该来这里拜年的。那一天,明
常老和尚提议,要我在鹿野苑讲一部经。既然住在净业林,这也
就不能推辞的了。后在二、三月中,讲了一部《宝积经》——《普
明菩萨会》。我的口才平常,又不会讲些逗人呵呵笑的故事,听
众的反应平常。

三、演培年初就要去台湾了,我却发起了福严精舍的筹建。
说来话长,一九五〇年所住的梅修精舍,是马广尚老居士为我们
借来,原是可以长住的。净业林在青山九咪半,是鹿野苑三当家
的精舍,最近翻修完成,邀请我们去住。三当家的一番好意,是

应该感谢的！他肯这样做,应有演培,特别是仁俊(仁俊住鹿野苑,与三当家的私交很厚)的关系在内。我在香港,毫无活动。我们的生活,全靠马尼拉的妙钦支持。他不是为我们筹化道粮,而是将自己所得的单钱、忏资、俵钱,纯道义地为佛法而护持我们。不过,总不能老是这样下去,妙钦也有了去锡兰深造的计划。我是等因缘决定的人,到无米下锅时再说,但演培、续明多少为未来而着想,主张迁到净业林去(一九五一年,我们的生活费,还是自己负责的)。

我是除非与大体有碍,总是以大家的意见为意见,所以我们就在一九五一年(四十六岁)春天迁到净业林去。现在回忆起来,这是走错了一步。对未来台湾的境遇,种下了苦因。但我哪里能预知,这是不可思议的逆缘！我到了净业林,仁俊也来共住;超尘(二当家)在这里闭关;悟一(四当家)管理庶务。我不大注意别人,也不想知道别人的秘密,所以平顺地住了一年。

到了年底年初,一项不平常的事件,也许别人不觉得,而我却深深地懊悔了,为什么要到这里来呢！事情是这样的:到了年底,三当家的头发,留得长长的,不肯剃去。到了新年,也不肯去施主家拜年,这是违反(鹿野苑)常例的。三当家的意思是:自己对鹿野苑战后的复兴,有过重大的辛劳,而弥光(应该是他的法师)却故意与他为难,所以他不愿再干了。这只是对付弥光的一项战略,结果是弥光被逼出去了。人与人是难免有磨擦的,但在佛教内有些不顺意,就以还俗的姿态来作武器;出家人可以使用这一绝招,那还有什么不能使出的呢！鹿野苑人才济济,上一辈是老和尚明常;中一辈是大本(即现在台湾的月基)、弥光;

下一辈是五位当家。一门三代,年龄相差不太远。人人仪表堂堂,个个能唱、能念、能说、能写、能干。大家挤在一起,正如脂肪过剩一般。"一叶落而知秋",我似乎敏感,而事后证明为绝对正确。如一直寄住下去(那时我还不知道要到台湾),我们的处境会是很难堪的。但当时的鹿野苑声誉还好;我们受尊敬受欢迎而来,又凭什么理由而要离去? 再迁到别处,不但对不住鹿野苑与净业林,也于自己有损。我与续明研究,唯一的办法,是自己创立精舍,才能不留痕迹地离去。这样决定了,就与妙钦说明。妙钦以去锡兰为理由,愿为我们成立精舍而作最后的服务。就这样,住在净业林而开始福严精舍的筹建工作。这是我被迫而自己计划的,但在香港是成功而又失败了,虽已找到了建地,却又改变主意而移建到台湾。

四、大概是三月里,优昙约我去识庐。荃湾芙蓉山的南天竺,有意要献为十方。优昙介绍敏智(武院同学)与我! 敏智任住持,我与续明他们去弘法——两人合作。我不好却优昙的好意,曾与敏智去南天竺一次,但此事不成事实,后来是消息全无了。问题并不在我,而是敏智。敏智是有名的天宁寺大和尚,但并不是传说中有钱的那位天宁寺大和尚。大概行情明白了,也就免谈了。

五、优昙来信约我去识庐,因为冯公夏居士们要成立世界佛教友谊会港澳分会,我没有去。一次到了识庐,优昙要与冯公夏联络,我说:"今天不便,下次再来。"我习惯于在僧团中自修,不会与居士们打交道(现在老了也还是这样)。但是,冯公夏等到了清凉法苑来;清凉法苑离净业林不过数十步,请我去午斋,这是无可推避的了。在席间,商量成立港澳分会,并请我担任港澳分会会长。这可说是给我的荣誉,是他们的好意,并无实际责任,我也就答应了。这是一件避也避不了的因缘。

六、香港佛教联合会改选,我被选为香港佛教联合会会长。这应该是优昙与陈静涛居士在后面策划的。我只出席了一次改选后的就职典礼。会务由副会长王学仁居士负责。这也只是一项荣誉,历届(海仁、筏可老)都是这样。在四、五月中,我一连戴上了香港佛教联合会会长、世界佛教友谊会港澳分会会长双重头衔,在我还是第一次。等到定居台湾,我就专函去辞谢了。

七、到台湾:这一年的离香港到台湾,与二十五岁的离家出家,在我的一生中,都有极深远的意义,但意义并不相同。大概是五月底,子老从台湾来信:"中国佛教会"(以下简称中佛会)决议,推请我代表"中华民国"出席在日本召开的世界佛教友谊会第二届大会。议决案也抄了寄来,法师与居士们将去日本出席的共有三十人左右。我没有想到别的,只觉得:日本在现代的佛教国际中,说他俗化也好,变质也好,仍不失为佛教的一大流,应有他所以能存在又值得参考的地方。到台湾——其实是到日本去一趟,应该是值得的,我就这样地答应了下来。我是一向不注意别人的;子老不再说什么,只是说:"预备好,等入境证寄到就来。"七月十五日前后,我到了台湾。去日本出席的代表,政府已限定为五人。我没有过人的才能,语言不通,子老却坚决地非要我去不可。等到我知道,去日本的期限也近了,只有随波逐浪,将错就错地错下去。

八、从日本回到台湾,已是九月天气。子老在善导寺护法会提议,聘请我当导师。他送聘书来,我说:"南老是导师,为什么又请我?"子老说:"善导寺的导师,不限一人,如章嘉大师也是导师,这是护法会表示的敬意。至于善导寺的法务——共修会、法会、佛七,一切由南老负责。"我就这样地接下了,这当然又错了一着。除了善导寺请我公开讲演几天外,我不参加善导寺的一切法务。那时,南亭法师(在我来台湾之前)已在新生南路成立华严莲社,就在莲社过年。我不愿留在寺中被信众作为新年敬礼的对象,就到汐止静修院去度旧年。新年回来,住在善导寺,但南亭法师从此不再来了。逢到星期共修会,信众们见南亭法师没有来,就来恳求我讲开示,我就这样地随缘下来(我始终没有领导念佛)。我到了台湾,去日本出席的名额虽不知会轮到谁,但到底被我占了,占去了大家的光辉。到了善导寺,南亭法师不再来了,离开了台北的首刹。我是错了,我有意占夺别人吗? 在我的回忆中,我没有这样的意图,错误的是谁呢? 我自己比喻为:我到台湾,住进善导寺,正如婴儿的囝地一声,落在贫丐怀里。苦难与折磨,是不可避免的了。因缘来了,我还有什么可说,只有顺因缘而受报了!

九、菲律宾侨领施性水与蔡金枪居士来台湾,特地到善导寺来看我,传达了性愿老法师的意思,请我到菲律宾去弘法。我以初到台湾,还不能来菲,希望不久能来菲律宾亲近——以这样的信,辞谢了性老。这虽没有成功,但实为一九五四年底去菲的前缘。

十、大醒法师去世了。一年多来,醒师病废,《海潮音》没有人负责,由李子宽、贾怀谦勉力维持下去。现在大醒法师死了,没有钱、没有文稿、没有负责人。虚大师创办的、维持了三十多年的《海潮音》，总得设法来维持。子老邀集部分护法来集议，决定由李基鸿（子宽）为发行人，推我为社长。社长原是虚名，不负实际责任的，但我却从此负有道义的责任。子老与编辑合不来，编辑不干了，子老就向我要人。一而再，再而三，我哪有这么多的办法？一共维持了十三年——一九五三到一九六五年，这一精神上的重压，直到乐观学长出来，任发行人兼编辑，我才如释重负地免去了无形之累。

一九五二年（四十七岁）的因缘，一件件地紧迫而来，不管是苦难与折磨，还是法喜充满，总之是引入了一个新的境界。我虽还是整天在房间里，但不只是翻开书本，而更打开了窗户，眺望人间，从别人而更认识到自己。

一○　香港与我无缘

出家来二十二年（一九三○到一九五一年），我依附在寺院中、学院中，没有想到过自己要修个道场。一九四九年六月，到了香港，就到大屿山宝莲寺过夏。中秋后，移住香港湾仔的佛教联合会。十月初，马广尚老居士为我们借到了静室，才移住粉岭的觉林。一九五○年，借住大埔墟的梅修精舍。一九五一年，又寄住到青山的净业林。由于净业林难得清净的预感，决定了自立精舍，这就是福严精舍筹建的因缘。福严精舍不是我个人的，为我与共住的学友——演培、续明、常觉、广范等而建筑的，也就是我们大家的。地也买定了；妙钦在马尼拉的普陀寺为我们举行了一次法会，集成菲币一万元寄来。小型精舍的成立在望，但香港建立精舍的计划终于变了。

我受中佛会的邀请，去日本出席世界佛教友谊会第二届大会；会期终了，回到台湾。子老留我住在台湾，我也没有什么不可，只是我在香港置了地，银行已有多少存款。这是我经手而不是我私有的，我不能将愿款放在自己的荷包里就算了。无论如何，我也要回香港去了结手续，将精舍建起来。我自己不住，也有广范他们要住。可是，我没有出境证，走不了。当初办理来台手续，一切由子老代办。办入境证而没有同时办理出境，现在回忆起来，子老显然有留我定住台湾的意图，也许他当时有此需要吧！我一再说起，非回香港去一次不可。子老提出了办法，要我先申请在台湾定居，政府知道我要定住台湾，就容易把出境证发给我。我来台湾，不信任他又信任谁呢？于是乎他为我办好定居台湾的手续。定居手续办妥了，立刻申请出境（又入境），可是石沉大海，一点消息也没有。到了一九五三年（四十八岁）二月，出境证还是没有消息。因缘决定一切，既然去不得香港，只有另想办法，设法将功德款移来台湾，在台湾建筑了。演培曾在新竹市青草湖灵隐寺讲课（那年上学期，将台湾佛教讲习会迁到善导寺来），所以介绍到新竹去找地，住在一同寺。一时也找不到理想的地方，直到四月中，才决定在一同寺后山，俗名观音坪的，购定一甲零坡地，然后包工承建（全部约台币八万元）。当时有人议论我，一到台湾，就急着要建道场，谁知道我的事呢！

说来希奇，五月初，地也买定了，工程包好了，立即接到通知说我的出境手续还欠四张照片。我有点惊疑：难道我有去香港一次的机会吗？今天将相片缴上去，隔天就有出境（又入境）证发下来。后来听人说：这是政府的规定，凡是申请定居台湾的，六个月内不得出境。我不知是否真的有此规定，如真的有此规定，那子老为什么要我先申请定居，然后申请出境呢？我对香港并无特别好感，没有非住不可的理由。只是为了经手筹建手续，不能撇下不问。我一切是随因缘而流，子老为我安排一切，我能说什么。只能说：台湾与我有缘——有无数的逆缘与顺缘；香港与我无缘，没有久住的因缘。

就这样，福严精舍终于在一九五三年夏天，建在台湾省的新竹市了。

一一　漫天风雨三部曲

在一九五三年与一九五四年之间，我定居在台湾，受到了一次狂风骇浪般的袭击，有生以来不曾经历过的袭击。在我的平凡一生中，成为最不平凡的一年。我出家二十多年了，一向过着衰弱的、贫苦的，却是安宁的、和谐的生活。觉得自己与人无争，我没有到台湾，就受到了从台湾来的爱护。在我的平淡生活中，感觉到一切都是好的。

一九五〇年（四十五岁），住在大埔墟梅修精舍，忽接香港"应寄"的一封信，说台湾有人带了东西来给我，要我亲自去取。我感到非常意外，按信上地址，找到（靠近）半山区，见到了一位应太太，她是新近从台湾来的。她将美金一百元交给我，并略说内容：香港有人写信给南亭法师，说我们在香港精勤修学，却没

有人供养,生活艰苦。南亭法师与白圣法师谈起,引起了对佛法
的同情。钱是劝×夫人发心乐施的。她说:你知道了就好,写信
谢谢白圣法师就是了。我是依着她的话而这样做的。这位应太
太,我到台湾来,始终没有见过,她就是现在纽约创设美东佛教
会的应太太。我得了这笔意外来的布施,与演培他们商量,将自
己的凑起来,又得陈静涛居士的发心,从日本请了一部《大正藏
经》(那时约二百五十美元左右),以便参考。大家心里充满了
法喜,深感佛教同人的关护。所以我到台湾来,怎么也不会想到
有什么意外的。有人说:台湾佛教本来平静,为什么印顺一来,
就是非那么多! 其实,我也正感到希奇:我没有来台湾,二十多
年平静无事,深受(连台湾的在内)长老法师们的关护。为什么
一到台湾,就成了问题人物! 现在回忆起来,不是我变了,也不
是长老法师们变了,主要是我出席日本世界佛教友谊会,住进善
导寺。我不自觉地、不自主地造了因,也就不能不由自主地要受
些折磨了。

一九五三年(四十八岁)五月中旬,我从台湾到了香港,运
回了玉佛一尊,(明德法师等)槟城佛学会供养的;《大正藏经》
一部;一些私人的衣物;筹建精舍的功德款当然也带回了。回台
已是六月底了,为了精舍的建筑,布置佛堂及用具的准备,也觉
得忙累。九月十一日,举行落成开光礼。十月中,在善导寺讲了
一部《妙慧童女经》。十一月中,善导寺举行佛七及弥陀法会。
身体衰弱的我,在这不断的法事中,没有心力去顾虑别的,不会
去注意环境的一切。

暴风雨要来了,但不可思议的因缘也出现了! 一九五三年

十一月十七日（弥陀诞），是一个难于理解的日子。弥陀法会终了，我极度疲乏，要演培当天回新竹去，主持明日上午新竹方面每周一次的定期讲演。但演培回答说："不，我要去汐止弥勒内院看慈老。"他的个性、说话，就是这样直撞的。他非要那天赶去弥勒内院；慈航法师是他曾经亲近的法师，不忘师长而要去瞻礼，我是不应该阻止的。那天晚上，我赶回新竹而他去了汐止。由于身体的过于疲劳，心里多少有点不自在。

第二天下午，演培回精舍来，神情有点异样。据他说：他一到弥勒内院，慈老一见就说："演培！中国佛教，今天在我与你的手里。"演培惊异得有点茫然，慈老将一篇文章向关外（那时在闭关）一丢："你自己去看吧！"这篇文章的题目是：《假如（也许是"使"）没有大乘》。文章是慈航法师写的，是批评我，应该说是对我发动的无情攻击。文章的大意，说我要打倒大乘，提倡小乘佛教，提倡日本佛教。说我想做领袖，问我到底是谁封了你的。文章还只写成三分之一。演培就向他解释说："导师（指我）提倡中观，不正是大乘吗？怎么说他要打倒大乘？他还写了一部《大乘是佛说论》呢！日本佛教，导师以为在我国现有的社会基础上，要模仿也是模仿不成的。老师不要听别人乱说！"慈航法师与演培，有师生的关系，对演培也有好感，所以说了大半天，终于说："好！文章你拿去，我不再写了，等打回大陆再谈。"演培还告诉我：慈老向他做了个特别表情，轻轻地说："有人要他（指我而说）好看，等着看吧！"我听了这些话，似信非信，但那篇没有完成的文章，真真实实地摆在我的面前。我想，我称叹缘起性空的中道，说唯识是不了义，慈航法师提倡唯识宗，也许因此而有所误会。因此,我把这篇没有完成的文章,寄给香港的优昙同学——慈航法师的徒孙,希望他能为我从中解说,我是没有打倒唯识宗的想法的。不知道我是睡在鼓里,根本不是这么一回事。有眼不看,有耳不听,不识不知地过日子,竟有我那样的人!

我不能专顾自己了,非得敞开窗户,眺望这世间——宝岛佛教的一切,情况逐渐明白过来。原来,慈航法师写对我攻击的文章,已是三部曲中的第二部。长老大德们隐蔽起真情实况,而展开对我的致命一击。打击方式逐渐展开,以"围剿圆明"的姿态开始——第一部。由中佛会(李子宽主持的时代)派遣去日本留学的圆明,苏北人。他是白圣法师在上海静安寺的同事;南亭法师在上海青莲庵(在九亩地)的学生;也是来台湾后,追随慈航法师的得力助手。我在上海,也见过两次面,点过两次头。不会与人打交道的我,当然没有什么话说。不过在日本开会期间,倒也几乎天天见面。但这是大家在一起相见,不曾有什么私人的交往。圆明在日本留学,当然会受到日本佛学的某种影响(也可说是进步),写些介绍或翻译应如何改革的文章,在《觉生》(台中出版)上发表;《海潮音》也登过一二篇译稿。当然,他所说的,不合长老大德们的传统理念。不知为了什么,圆明在一次写作中,要台湾的法师们向印顺学习。苏春圃写了一篇批驳胡适的文字,请慈航法师鉴定。慈航法师是直性直心,想到写到,就加上"按语——一、二、三"而发表出来。圆明是胡适的崇拜者(前几年为了《六祖坛经》批评钱穆的杨鸿飞,就是圆明的现在名字;他似乎始终是胡适崇拜者),对苏文大加批评,并对三点按语,也一一地痛加评斥,结论还是要慈老跟印顺学习。这真是岂有此理!慈航法师是菩萨心肠,但到底没有成佛,对这些有损尊严的话,也还不能无动于衷。圆明有言论的自由,但我可被牵连上了。当时的中国(从大陆来的)佛教界,发动了对圆明的围剿,有批评的,有痛骂的,并由中佛会——会长章嘉大师、秘书长吴仲行,通知各佛教杂志,不得再登载圆明的文字。

在表面上、文字上,大陆来台的法师居士们,几乎是一致地痛恶圆明,但在口头宣传上,部分人(攻击我的核心人物)却另有一套。传说,不断地传说,传说得似乎千真万确,圆明不是要大家向印顺学习吗? 传说是:圆明的敢于发表文章,是受到印顺支持的。进一步说,哪一篇文章是印顺修改的;哪一篇是印顺所写而由圆明出名的。甚至说:《觉生》的编辑部,实际是在新竹的福严精舍。无边的口头宣传,从台北到台中,到处流行(我偶尔也听到一点,但事不关己,一笑而已)。这么一来,圆明的一切,都应由我来承担责任。"邪知邪见"、"破坏佛法"、"反对大乘"、"魔王"……这一类词汇,都堆集到我的身上了。举一切实的事例吧! 一九五四年正月初,台籍信徒李珠玉、刘慧贤(可能还有侯慧玉),是善导寺(护法会)的护法。他们从汐止静修院来,向我作新年的礼敬。他们说:"当家师说:圆明有信给慈老,说过去的文章,都是印顺要他这样写的,并非他的本意。"他们问我:"到底有没有这回事?"我说:"我也听说圆明有信给慈老。慈老与我,也可能多少有点误会,但我信任他的人格,他是不致于妄语的。你们倒不妨直接向慈老请示。"后来李珠玉等告诉我:慈老说:"圆明只是说:他是为真理而讨论,对慈老并没有什么恶意。信里也没有提到印顺。"我说："那就是了，你们明白了就好。不必多说，多说是没有用的。"——明里是围攻圆明，暗里是对付印顺，这是漫天风雨的第一部。

由慈航法师写文章——《假如没有大乘》，是对我正面攻击的第二部曲。当时的慈航法师，道誉很高。赵炎午、钟伯毅等护法长者们，对慈航法师都有相当的敬意。如慈航法师而对我痛加批评，那么，护法长者们对我的观感，是多少会有影响的。所以，长老法师们与慈航法师，平时虽未必志同道合，而为了对付我，长老法师们，还有少数的青年义虎，都一个个地先后登上秀峰山弥勒内院（当然一再上山的也有），拜见慈航法师。大家异口同声，要慈老出来救救中国佛教。要慈老登高一呼，降伏邪魔，否则中国佛教就不得了！长老法师们那样的虔诚，那样的恳切，那样的护教热心！在关中专修的慈航法师，终于提起笔来，写下了《假如没有大乘》。因缘是那样的不可思议，演培那天非要上秀峰山去见慈老不可！也就这样，剑拔弩张的紧张局势，忽而兵甲不兴。希有！希有！我不能不歌颂因缘的不可思议。

先造成不利于我的广泛传说，再来慈航法师的登高一呼，使我失尽了佛门护法的支持，那么第三部曲一出现，我就无疑地要倒下去了。虽然第二部曲没有演奏成功，但第三部曲的演出已迫在眉睫。"山雨欲来风满楼"，要来，总有将来未来的境界先来。十二月初八日晚上，善导寺（在我宿舍的外面客室）有一小集会。来会的，有白圣法师、佛教会秘书长吴仲行、南亭法师、周子慎居士。代表发言的是吴秘书长与周居士，问我对圆明的看法，是否赞同圆明的思想。我大概说：圆明留学日本，多少学到

些治学方法；如考据是治学的方法之一，但考据的结果，不一定
就是正确。我说：圆明译介部分日本学者的思想，至于圆明自己
对佛法的思想如何，我完全不知道。周居士又说了些相当动听
的话：台湾光复不久，部分还存有思慕日本的意识，我们万不能
提倡小乘佛教，提倡日本佛教！但在我看来，日本佛教就不是小
乘佛教，小乘佛教就一定反对日本佛教。说提倡小乘而又提倡
日本佛教，原是极可笑的，但我又从哪里去解说呢！我只能对自
己负责，我没有承认与圆明的思想一样（因为我不知道他的思
想到底怎样），也不承认与圆明有什么关系（实在没有关系），这
当然不能满足来会者的愿望。末了，吴仲行秘书长把桌子一拍
说："为共产党铺路"（陈慧复居士在旁，为此而与他吵了几句），
就这样地走了。这一小小集会，就这样地结束了。

　　吴秘书长的一句话，我直觉得里面大有文章，但也只能等着
瞧了。这一晚的集会，我不知到底是谁安排的？目的何在？这
可能是佛门的几位护法长者所促成（可能是子老在幕后推动）
的，希望能见见面，交换意见，增进友谊。没有几天，在华严莲社
又有一次（午）聚餐会，是护法长者们出名邀请的，法师与居士
也来了好多位。午餐时，大家谈谈佛教，交换意见，并有以后能
半月或每月举行一次的提议。护法长者们的好意是可感的！但
第三部曲就接着正式推出了。

　　国民党中央党部，有一种对党员发行而不向外界公开的月
刊（半月刊？），当时的最近一期，有这么一则：（大意是）据报：印
顺所著《佛法概论》，内容歪曲佛教意义，隐含共产党宣传主张，
希各方严加注意取缔。这当然是佛教同人而又是国民党党员

的,将我所著的《佛法概论》,向党方或保安司令部密报,指为隐含共产党宣传而引起的。吴秘书长就去见中佛会会长章嘉大师,认为中佛会应该要有所表示。章嘉大师是一向信任李子宽的,所以要他与子宽协商。那时,子老只是中佛会的普通理事,秘书长没有向他征求意见的必要,就立刻以中佛会(四三中佛秘总字第一号)名义,电台湾省分会、各县市支会、各佛教团体会员、佛学讲习会等,"希一致协助取缔,勿予流通传播",并以副本分送内政部、省政府、省保安司令部、省警务处、各县市政府,以表示中佛会的协助政府。这一天,是一九五四年一月二十三日。子老每说:"大家正高叫刀下留人,就咔嚓一刀地砍了下去,太厉害了!"

这当然是对我最严重的打击了。假使我一向是个活动人物,到处弘法,到处打交道的,经过中佛会的特电,也许会到处碰壁,避而不见,或相见而不再相识,"门前冷落车马稀",不免有点难堪!好在我是各县市佛教会等一向没有联系,认识的也没有几人。我一向是从新竹福严精舍到台北善导寺,从善导寺到福严精舍及近邻一同寺。现在见面的,还是这几张熟面孔。大家(悟一与常觉新近从香港来,适逢其会,也难为他们了)不是着急,就气忿不平,没有嫌弃我的表情。所以我还是平常一般,不过心里多一个疙瘩而已。

中佛会行文以来,年底年初,传播的谣言也越来越多。有的说印顺被逮捕了,有的说拘禁了三天,也有说不敢到台北来,也有说躲起来了。我并不乐意去听这些,但偏有好心人要传到我的耳朵里。我心里有点惭愧了!古语说:我虽不杀伯仁,伯仁由我而死。现在是：我虽没有造口业，而无边口业却为我而造。我对子老说："子老！我要辟谣。"他问我怎么个辟法？我说："公开宣讲佛法。"于是正月十五日前后，在《中央日报》刊登了讲法的广告。讲了七天，听众倒还是那么多。讲题是：《佛法之宗教观》、《生生不已之流》、《环境决定还是意志自由》、《一般道德与佛化道德》、《解脱者之境界》。我这么做，只是表示了印顺还在善导寺，还在宣讲佛法。我以事实来答复谣言。这样一来，那些离奇的谣言——口业，大大地减少了，但口业是不能完全绝迹的。

在暴风雨的惊涛骇浪中，也许真正着急的是子老。他是我来台的保证人、邀我来台的提议者，我又是善导寺（善导寺由护法会管理，子老是护法会的会长）的导师。我如有了问题，他忠党爱国，当然不会有问题，但也够他难堪的了。而且，善导寺又怎么办呢！子老应该是早就知道的，知道得很多很多。他有时说："问题总要化解。"他从不明白地对我说，我以为不过是长老法师们对我的误会罢了！但他是使我成为问题的因素之一，他怎么能消弭这一风波于无形呢！无论是围攻圆明，慈航法师出面写文章，以及向党（政）密告，而真正的问题是：我得罪（障碍了或威胁）了几乎是来台的全体佛教同人。

与我自己有关的是：一、我来台去日本出席世佛会，占去了长老法师们的光荣一席。二、我来了，就住在善导寺，主持一切法务。子老并没有辞谢南亭法师，而南亭法师就从此不来了。但是，离去善导寺是容易的，忘怀可就不容易了！这又决不只是南亭法师，善导寺是台北首刹，有力量的大心菩萨，谁不想主持这个寺院,舒展抱负,广度众生呢!三、我继承虚大师的思想,"净土为三乘共庇"。念佛,不只是念阿弥陀佛,念佛是佛法的一项而非全部;净土不只是往生,还有发愿来创造净土。这对于只要一句阿弥陀佛的净土行者,对我的言论听来实在有点不顺耳。四、我多读了几部经论,有些中国佛教已经遗忘了的法门,我又重新拈出。举扬一切皆空为究竟了义,以唯心论为不了义,引起长老们的惊疑与不安。五、我的生性内向,不会活动,不会交往,更不会奉承迎合,容易造成对我的错觉——高傲而目中无人。

子老,是使我陷于纠纷的重要因素之一。起初,他以中佛会常务委员身份,护持会长章嘉大师而主持了中佛会;又扶植(宋)修振出来主持台湾省分会;又是宗教徒联谊会的佛教代表。他未免过于负责,不能分出部分责任让佛门同人来共负艰巨,所以弄得大家不欢喜。出席日本的世界佛教徒友谊会,代表限定五人,而他偏要从香港来的我去出席。在我来台湾的半个月前,中佛会改选,他已失去了常务理事,而只是一位普通理事了。是非是不用说的,但足以说明中国(从大陆来的)佛教同人对他的观感。在人事方面,为了纪念法舫法师的追悼会(南亭法师不主张开,不来出席),子老开始了与南亭法师间的误会(这是陈慧复居士说的,但我想,不会那样简单)。白圣法师与吴秘书长是子老的同乡(白圣法师还是应城小同乡),而不知为了什么,彼此间都存有很深的意见。

当然最重要的,还是善导寺。善导寺是李子宽与孙(立人将军夫人)张清扬居士捐一笔钱而以世界佛学苑名义接下来的。为了维持困难,组成(四十八人)护法会,子老是该会的会长。在善导寺大殿佛像几乎被封隔起来时,长老法师们当然没有话说。等到善导寺安定了,清净了(部分还没有迁出去),信众逐渐集中起来,在长老法师们的传统观念里,寺院是应该属于出家人的。善导寺是台北首刹,大殿庄严,没有出家人来领导法务是不行的。大醒法师离开后,子老曾亲自领导法务,讲过《金刚经》,但这是信众们所不能满足的,于是礼请南亭法师为导师。导师是只负法务,而不能顾问人事与经济的。这一局面,当然难以持久。恰好我来了,住进善导寺,衰弱的身体,也就将法务维持了下来。

这样,为了善导寺,对付子老,就非先对付我不可。如我倒了,子老维持善导寺的局面也就非成问题不可。这是长老法师们对付我的深一层意义(所以这次问题结束,善导寺还要一直成为问题下去)。

还有,演培是多年来与我共住的,过分地到处为我揄扬(续明就含蓄得多了),不免引起人的反感。他来台湾主持台湾佛教讲习会,与旧住台湾佛教讲习会的青年法师间有了问题。演培原是慈航法师的学生,但十多年来已接近了我。一九五三年春天,续明与仁俊到了台湾。年底,悟一与常觉也到了福严精舍。那时,慈航法师的学生——唯慈与印海已住在福严精舍。而妙峰、幻生、果宗等,也到了新竹灵隐寺演培主持的讲习会来旁听。讲习会里,当然还有一部分台籍同学。这似乎是佛教青年向福严精舍而集中,这可能成为佛教的一大力量。圆明又这样地为我作不负责的义务宣传。长老法师们看来,对佛教(?)

的威胁太大，那是不得了！不得了！无限因缘的错杂发展，终于形成了非去我不可的漫天风雨。

值得欣幸的是：当时的政府已经安定；政治已上了常轨，对治安也有了控制。所以，对于密报，或有计划的一次接一次的密报，如没有查到真实参加组织活动的匪谍嫌疑，决不轻率地加以拘捕。我在这次文字案中，没有人来盘问我，也没有被传询、被逮捕。由于政治的进步，我比（几年前）慈航法师及青年同学们实在幸运得多了。后来，以请求修改、重新出版而消散了漫天风雨。我还是过去那样地从善导寺而福严精舍，从福严精舍而善导寺。在中国（大陆来的）佛教界，从台中到台北，几乎全体一致的联合阵线，对我仅发生了等于零的有限作用。我凭什么？我没有祈求佛菩萨的加被，也没有什么办法。我只是问心无愧，顺着因缘而自然发展。一切是不能尽如人意的，一切让因缘去决定吧！

一二　《佛法概论》

《佛法概论》这部书，曾为了它（在香港）的出版，我没有转移到重庆，而免于滞留大陆。也为了它的出版，为人密报"为共产党铺路"。假使这本书是人的话，那应该说恩人还是冤家呢！

一九五四年一月二十三日，中佛会特电协助取缔。子老要我呈请再审查。就在一月二十五，请中佛会转呈有关机关，请求再予审查（附上《佛法概论》）。当时分三项来申明理由——"关于佛法概论者"，"关于个人者"，"关于来台以后"。"关于

佛法概论者"部分,是这样写的:

共产主义之主张,主要为唯物主义、斗争哲学、极权政治。《概论》一再说到:佛法不偏于物;不从物质出发而说明一切;不同情唯物之认识论,且指斥为:结果反成为外界的奴隶……庸俗徇物。其非唯物主义,彰彰明甚。佛法重于自他和乐,重于慈悲,且指"惟有嗔恚,对有情缺乏同情,才是最违反和乐善生的德行。……恶心中,没有比嗔恚更恶劣的"。其反对残酷斗争,极为明白。至于极权政治,尤与本论相反。盖佛教僧团,纯为民主生活。"佛法的德行,是以自他(和乐)为本,而内净自心,外净器(世)界。"纯本于佛法立场,与马列之共产主义,绝无少分之相染。

北拘卢洲为福地,无家庭组织,故"无我我所,无守护者"。无男女之互相占有,无经济之彼此私有,此全依经典所说。若更有智慧与慈悲,则为净土。以世俗论之,此为古代所有之理想社会,与礼运之大同、耶教之天国、西人之乌托邦相近。此实为东西哲人共有之理想,而佛法则主以"身心净化"、"自他和乐"、"慈悲智慧"之德行而实现之。此为马列共产党徒所抨击,与斗争的共产主义绝不相合。以印顺所解,民主自由平等之社会不应有问题,问题在仇恨斗争之暴行,此国父之以斗争的共产主义为病理的是也。

《佛法概论》虽以避难香港,出版于民国三十八年。然其中之第三章至十二章,并是民国三十三年在四川之讲稿,且有据更早所说者,如《自序》所说。

《佛法概论》而被认为有问题的,主要是北拘卢洲。这原是一九四四年在四川的讲稿,发表在《海潮音》,当时都是经过新闻检查而刊布的。这一讲稿,还受到虚大师的奖金,我怎么也想不到是会有问题的。四大部洲说与现代的知识不合,我解说为:这在古代是有事实根据的,不过经传说而渐与事实脱节。拘卢即今印度的首都德里,为古代婆罗门教的中心。北拘卢,也就是上拘卢,在拘卢北方,所以说:"传说为乐土,大家羡慕着山的那边。"我画了一幅地图,北拘卢泛指西藏高原。当时还是抗战时期,能说我所说的北拘卢洲(福地),隐隐地指共产区而说吗?我对四大部洲的解说,与旧来的传说有点不合。这不是我的不合!而是四大部洲的传说与现代所知的现实世界不合。为了免除现代知识界的误会,作一合理的解说,这算"歪曲佛教意义"吗?其实,王小徐的《佛法与科学》、虚大师的《真现实论》,都早在我以前尝试新的解说,以免现代知识界的误会了。

过了几天,子老告诉我:这样的申请再审查还不能解决问题。为什么?这也许是政治的常例。既经明令取缔,不能就此收回成命。如收回成命,不等于承认明文取缔的误会了吗?子老要我申请修正,我就顺从他的意思,由中佛会转呈(二月五日),申请修正,呈文说:

敬呈者:印顺于民国三十八年,在香港出版之《佛法概论》,专依佛法立言,反对唯物、极权、残暴,以智慧慈悲净化人类。

佛经浩如烟海,《佛法概论》九十三页(解说北拘卢洲部分)所叙,因在逃难时,缺乏经典参考,文字或有出入。

至于所说之北拘卢洲,虽传说为福乐之区,然在佛教视为八难之一,不闻佛法,非佛教趋向之理想地。必有真理与自由,智慧与慈悲,乃为佛徒所仰望之净土。

　　如九十三页有应行修正删易之处,当遵指示修改。恳转请政府明示,以凭修正。

这样的申请再审查,再修正,也有人来善导寺索取有关北拘卢洲的资料,抄了一大段的《起世因本经》回去。三月十七日,中佛会得到有关方面的通知,要我"将《佛法概论》不妥部分,迅即修改,检呈样本,以便转送"。这是准予修改而重新出版了。对四大部洲的解说,没有改动,只将地图省去。对北拘卢洲的解说,少说几句,简略为:

　　北拘卢洲……大家浑浑噩噩,没有家庭组织;饮食男女,过着无我我所,无守护者的生活。没有肤色——种族的差别。……这该是极福乐的,然在佛法中,看作八难之一。……要在社会和平、物产繁荣的基础上,加上智慧与慈悲、真理与自由,佛法流行,才是佛教徒仰望的净土。

修正样本转了上去,到国历四月二十三日,得中佛会通知,将修正样本也发了下来,"希将印妥之修正本,检送四册来会,以便转送"。惊涛骇浪的半年,总算安定了下来。这一次,我没有办法,也从不想办法,在子老的指点下,解除了问题。虽然,他是我之所以成为问题的因素之一,我还是感谢他。

这一意外的因缘,使我得益不少。一、我虽还是不会交往,但也多少打开了窗户,眺望宝岛佛教界的一切,渐渐地了解起来。这可说是从此进步了，多少可以减少些不必要的麻烦。
二、我认识了自己。在过去，身体那么衰弱，但为法的心，自觉得
强而有力，孜孜不息地为佛法的真义而探求。为了佛法的真义，
我是不惜与婆罗门教化、儒化、道化、神化的佛教相对立。也许
就是这点，部分学友和信徒对我寄予莫大的希望，希望能为佛法
开展一条与佛法的真义相契应，而又能与现代世间相适应的道
路。《印度之佛教》的出版，演培将仅有的蓄积献了出来。续明
他们去西康留学，却为我筹到了《摄大乘论讲记》的印费。特别
是避难在香港，受到妙钦的长期供给。这不只是友谊的帮助，而
实是充满了为佛法的热心。学友们对我过高的希望，在这一次
经历中，我才认识了自己。我的申请再审查，还是理直气壮的，
但在申请修正时，却自认"逃难时缺乏经典参考，文字或有出
入"。我是那样的懦弱，那样的平凡！我不能忠于佛法，不能忠
于所学，缺乏大宗教家那种为法殉道的精神。我不但身体衰弱，
心灵也不够坚强。这样的身心无力，在此时此地的环境中，我能
有些什么作为呢！空过一生，于佛教无补，辜负当年学友们对我
的热诚！这是我最伤心的，引为出家以来最可耻的一着！

一三　余波荡漾何时了

　　漫天风雨所引起的惊涛骇浪，虽然过去了，多少总还有点余
波荡漾。子老与善导寺还是这样，我还是这样，福严精舍也还是
这样。老问题一模一样，怎么就能安定呢？我只惭愧自己的懦
弱，多少做些自己所能做的。至于"报密"之类，事关机密，我根

本不会知道，所以也从不想去知道。

一九五四年（四十九岁）十一月中旬，我应性愿老法师的邀请，去菲律宾弘法。直到一九五五年三月底，我通知子老，决定回台湾主持佛诞。不几天，我接到台湾来的欢迎信，盖着"欢迎印顺法师弘法回国筹备会"的木戳。我对欢迎欢送的大场面，一向感不到兴趣，所以立刻给子老一封信，信上说：有二三人来机场照料就好，"切勿劳动信众，集中机场欢迎"。四月初六日，我回到了台湾。起初，演培他们怕我着急，不敢说；但到了晚上，终于说出了紧张的又一幕。

弘法回国欢迎会的扩大筹备，是一位居士倡议的。中佛会紧张起来，立刻召开临时会议，要子老去出席。吴秘书长发言：印顺弘法回国，就这样的盛大欢迎，那我们会长（章嘉大师）出国弘法，又该怎样欢迎？这样的炫耀夸张，非制止不可。要子老负责，不得率领信众去机场欢迎（朱镜宙老居士也支持吴秘书长的意见）。子老说："我可以不率领信众去欢迎，但我是要去的。新竹等地有人去机场，我可不能负责。"就这样，接受了"不得欢迎"的决定。到了当天，信众来多了。子老宣布：大家留在善导寺欢迎，不要去机场。信众人多口杂，闹烘烘的哪里肯依。子老又不能明说，这是中佛会特别会议所决定的，真使他为难。忽然想起了，将我的信找出来，向大家宣读："切勿劳动信众，集中机场欢迎"，这是导师（指我）的意思，大家应尊重导师的意见，信众这才留在善导寺。我不是"先知"，怎么也想不到中佛会会为此而召开会议。这是又一次的不可思议因缘，中佛会的紧急决议，帮助完成了我的意愿——"切勿劳动信众，集中机场欢迎"。

一九五七年(五十二岁)五月,我出席泰国佛元二千五百年的盛大庆典,回国经过香港。陈静涛居士对我说:"你上次(经过香港去泰国)离开这里,没有几天,就有人调查你来了。我说:印顺是太虚大师以下,我最敬爱的法师。我把办公桌上的玻璃板移开,露出我的身份证明,告诉他:我就是这里的负责人之一。你为什么调查?是报销主义吗(这句话的含义,我不太明白)?那人没趣地走了。"静老对我说:"我想你不会因此而懊丧的。你要信任政府,调查是对你有利的。"我说:"是的,台湾信徒也有人这样说。"那时,离一九五四年的惊风骇浪,已足足的三年了,余波还是在荡漾不已。

据说,我当然没有看到,对于调查我的案卷,堆积得也真不少了。我从这里,更深信世间的缘起(因缘)观,缘起法是有相对性的。有些非常有用,而结果是多此一着。有些看来无用,而却发生了难以估量的妙用。我的身体是衰弱的,生性是内向的;心在佛法,对世间事缘,没有什么兴趣。这对于荷担复兴佛教的艰巨来说,是不适合的,没有用的,但好处就在这里。我在香港三年,住定了就很少走动。正如到了台湾,只是从福严精舍到善导寺,从善导寺回精舍一样。在香港,属于左派的外围组织不少,局外人也并不明白。如我也欢喜活动,偶尔去参加些什么会,那即使签一个名,我就不得了。我凭了这无视世间现实,在政局的动荡中,安心地探求佛法,我才能没有任何忧虑地安然地渡过了一切风浪。

余波荡漾何时了?这大概可从中佛会(子老对中佛会的关

系,一般是看作代表我的)、善导寺的演变,而作大概的推定。一九五五年八月,中佛会改选,理事长当然是章嘉大师,秘书长却改由林竞老居士担任。中佛会的力量有了变化。旧权力的恋恋不舍,原是众生所免不了的,于是种种为难,林竞竟无法推行会务,引退而会务陷于纷乱。章嘉大师迫得向"中央"呈请,停止中佛会的活动,于一九五六年八月四日,明令成立"中国佛教整理委员会"。到一九五七年夏天,整理改选完成。改为委员制,由"内政部"推派陈鲲任秘书长,使中佛会居于超然地位。一九六○年四月改选,又恢复了理事长制,由白圣法师任理事长。为了适应教内的情势,前秘书长吴仲行只好屈居幕后。后来,吴秘书长有点厌倦,也许失望了,与白圣法师疏远了。末了,去执行律师的业务。大概一九五七年后,中佛会不会对我有不利的企图了。到了一九六○年,我与子老的关系改变,子老也不再顾问中佛会,对我当更不会有什么了!

善导寺,起初我还是导师,这当然还要余波荡漾下去。后来我离开了,直到道安法师出来负住持的名义。子老对善导寺、我对善导寺的关系完全改观。此后,即使有些无伤大雅的蜚语,不妨说问题解决了。

因缘,无论是顺的逆的,化解是真不容易!

一四　我真的病了

一九三一年(二十六岁)五月起,我开始患病,终于形成常在病中的情态。但除了睡几天以外,还是照样地修学。我身高一七六点五公分。从香港到台湾（一九五二年）时,体重一百一十二磅;等到菲律宾弘法回国（一九五五年）,体重不断减轻,减到一百零一磅。我是真的有病,病到不能动了。

在我的回忆中,夏天（厦门,尤其是武汉）天气热,日长夜短,往往睡眠不足,所以病泻以后,精神就一直无法恢复。身体弱极了,一九四一年（三十六岁）秋,曾因泻虚脱而昏迷了一点多钟。昏了二三分钟的,还有在重庆南岸慈云寺（一九四一年秋）、开封铁塔寺（一九四六年夏）等。我觉得,我只是虚弱,饮食不慎就消化不了罢了,我是没有病的。

一九五四年（四十九岁）底,肺部去照了一次 X 光,说我有肺结核。我没有重视,还是去菲律宾弘法。一九五五年（五十岁）回来,精舍的住众增多到十五六人,所以就开始作专题宣讲。但身体越来越不济了,饮食越来越不能消化。中秋前后,因服中药而突发高烧,这才到台北诊治,断为肺结核,要长期静养。于是在重庆南路某处,临时租屋静养,足足躺了六个月。

我的病也有些难以思议。经医师的诊断,我的肺结核是中型的,病得很久很久,大部分已经钙化,连气管也因而弯曲了。在我的回忆中,我只是疲惫不堪,没有咳嗽（伤风也不多）,没有吐血,没有下午潮热的现象。难道疲惫不堪,就是这么重的肺病象征吗? 年龄渐渐大了,坏也坏不到哪里去,后来索性不问它,又过了十五年了! 现在回忆起来,我不承认有病,对我的病是最适合的。如在抗战期间,一心以为有病,求医求药,经诊断而说是肺病,那时还没有特效药,在病的阴影下,早就拖不下去了。为什么不承认有病,不调理诊治? 最主要的是没有钱,那么,没有钱也并不太坏。同时,我虽然疲累不堪,但也不去睬它。或有新的发见,新的领会,从闻思而来的法喜充满,应该是支持我生存下去的力量。我对病的态度是不足为训的,但对神经兮兮的终日在病苦威胁中的人,倒不失为一帖健康剂。

实际上,我那时是病轻累重。肺部是那样的大部分钙化了,也不该如此严重。饮食不能消化,经肠胃检查,也没有病,只是机能衰退。当时我使用日本进口的温灸器,增加饮食,帮助消化,身体一天天好起来,体重最高增加到一百三十四磅。从一九五七年(五十二岁)以来,我比出家以来的哪一年都要健康得多。然而,尽管健康,相反的身心都衰老了。

一九六七年(六十二岁)底,一九七〇年(六十五岁)夏,体重又不自觉地退下来(一百二十磅左右),又渐有疲累的感觉。检查了二次,肺部还是那样,其他也没有什么病。好心的弟子们为我求医求药。我有时似乎那么别扭,不要这个,不要那个。只因为我现在并没有病,是随年龄的增加而机能衰退。这应该说是老,老是终久要来的,你能使他不老吗?

一五　我离开了善导寺

一九五二年(四十七岁)来台湾,住在善导寺。不能回去,又别无去处,南亭法师又事实上辞去了善导寺导师,我就在这样的情形下长住下来。一九五三年底的漫天风雨,使我认识到问题的症结:住在善导寺,我是永不会安宁的。可是,子老虽为构成问题的要素,而问题的消散也还是亏了他。在道义上,我还不能说离去。一九五四年冬天,演培主持的台湾佛教讲习会毕业了,有几位想来福严精舍共住,所以我又增建了房屋。增建的是关房,关房外是小讲堂,另外有卧室四间。我是准备在可能的情况下,退出是非场,回精舍来与大家共同研究的,这是我当时的心愿。但一九五五年从菲岛回来,病就重了,足足地睡了半年。在我卧病的时间,善导寺法务由演培维持。

一九五五年底,子老在伍顺行的宴会中,受到了心悟的严厉指责,说他将寺院占为己有,不肯交给出家人。在这么多的人面前,应该是很难堪的。这还是老问题,善导寺的大殿庄严,地点适中,长老法师们,就是以经忏为佛事的,谁不想借此而一显身手呢!子老觉得不能再这样下去了,来与正在静养中的我商量,要我出来负住持的名义。我同情他的境遇,在可能的条件下答应了他。前提是:不能有住持的名义,而一切还是老样。因为这么做,将来被人公开指责的,将不是他而是我了。这就是,善导寺要改取一般寺院的规制。对寺务,旧有的积余,仍由护法会保管,移交一万元就得。以后,经济要量入为出,凡用之于寺院或佛教的,护法会不宜顾问。经济公开,账目可由护法会派人(定期地)审核。护法会不得介绍人来住,以免增多人事的烦累。子老都同意了,但还有更先决的条件:我一直还在静睡中,起来也未必就能躬亲寺务,要有一得力的监院,平时代为处理一切才成。没有人,那我也只有无能为力了。

演培来了,他是那么热心地希望我接下来。要有一位能代我办事的监院,要演培回精舍去与大家商议,看看有没有可能。他回来(似乎与悟一同来)答复我,商定的办法是:在三年任期内,由演培、续明、悟一——三人来轮流担任,并推定悟一为第一年的监院。事情就这样地决定了,一九五六年(五十一岁)正月底(国历三月四日),举行住持的晋山典礼。我是整整地睡了半年,从床上起来,就被迎入善导寺的。身体虚浮而不实,几乎晋山典礼也支持不下来(这是一直没有活动的关系)。那年秋季,又在南港肺结核疗养院住了三个月。这才明白了:病情就是这样,身体能这样也就很难得了,我不必再为病而费心。

悟一是香港鹿野苑的四当家,曾在净业林管理庶务,有过一年多的共住时间。由于净业林共住,所以在鹿野苑纷扰而混乱的情况中,经续明的推介,我为他办理手续来台的,来台就住在福严精舍。从一九五六年一直到我离开善导寺,悟一始终是领导寺众,早晚上殿,一起饮食,不辞劳苦。寺里有了余款,在取得我的同意之下,就用来修饰房屋,添置必须的器具。总之,悟一年富力强,有事业心,在民国以来,以办事僧为住持的原则下,这不能不说是难得的人才!

一九五七年(五十二岁),我决定要往来于福严精舍及善导寺之间。精舍增建以来,我没有能与大家共住修学,身体好多了,不应该重提旧愿吗?但是,因缘是不由自己作主的。国历三月四日,章嘉大师圆寂,善导寺忙了一星期。接着(国历三月十三日起),善导寺启建了七天的观音法会。国历五月七日,去泰国出席佛元二千五百年的大庆典,便中访问高棉,一直到国历六月七日才回台。半年的时间,就这样地溜走了,我能不为之而惆怅吗?在泰国时,老学长道源赞叹我的福报大——善导寺呀,福严精舍呀……我微笑说:"慢慢地看吧!"我对善导寺及出席国际会议,全无兴趣;加上了两种因缘,我定下了离开善导寺的决心。我觉得,那时离开使我不得宁静的善导寺,我内心可以对得住子老了!

哪两点因缘呢?

一、一九五五年冬天(我在病中),日本仓持秀峰等护送玄奘大师的舍利来台;子老就与仓持等有了联系,要送演培去日本,进行演培去日本的手续。子老曾不止一次地说:希望能得到当局的支持,派四五位青年法师去日本。做什么?当然是联系日本佛教界,反对共产党了。子老忠党胜于为教,如派圆明去日本,圆明离佛教而为党服务,他觉得也是很好的,从不曾为佛教的人才损失而可惜。纯为佛教而努力,子老也许觉得并不理想。他从不曾真正地为佛教着想,佛教的青年法师,到底还有多少人呢!林竞不失为忠厚的护法长者!他在无法推行中佛会会务而辞去秘书长时,曾慨叹为:"中佛会会务的困难,是将中佛会的任务,(不是佛教)看作政治的一环。"他说:"这不是哪一位,在子宽主持的时代,就是这样了。"子老为演培进行手续,在我去泰国时已大体就绪。然子老与演培都不肯向我透露,生怕我会破坏了似的。既然这样地秘密进行,我偶然听到多少,当然也不好意思问了。子老是希望我为他维持善导寺的;而经常帮助我推行法务,相随十八年的演培,子老却要暗暗地送他去日本,我还能说什么呢!我从泰国回来,演培才向我说明,希望能给予经济上的支持。我说:"这是义不容辞的,绝对支持。不过,希望以讲学名义去日本,要有讲学的事实而回来。"

二、悟一是江苏泰县人。南亭法师是泰县首刹光孝寺的住持;悟一曾在光孝寺读书,是离光孝寺不远的一所小庙的沙弥。大寺与小庙,地位悬殊,所以过去的关系平平。悟一到了台湾,除与同戒又同学的新北投妙然有良好的友谊往来外,平静地在精舍住了两年。自从到了台北,表现出沉着与精明。现在是善导寺监院,各方也就观感一新了。一九五六年那一年,章嘉大师呈请"中央",成立了"中国佛教整理委员会",以南亭、东初为召集人。这一中国佛教的动态,暗示着派系的对立。当时,有"苏北人大团结"的酝酿。演培是苏北高邮人,也曾为"苏北人大团结"而团团转。从大陆来台的法师,苏北人占多数。上有三老:证莲老(天宁寺老和尚)、太沧老(金山和尚)、智光老(焦山老和尚,南亭法师的剃度师),三老是不大顾问世俗事的。三老下有二老,就是被尊称为"南老"的南亭法师,"东老"的东初法师了。长老是领导者,青年法师的团结,表现为《今日佛教》的创刊(这是一九五七年的事)。《今日佛教》有八位(?)社委,地位一律平等,以表示团结,这是以悟一为主力而开始推动的。我从南港疗养院回来,慢慢地知道了这些。这一地方性的团结,与中佛会的整理委员会相呼应。

悟一是沉着精明而有事业心的。从小出家,如老是依附平淡的、重学的、主张不与人(作权力之)争的我,虽然出家不是为了打天下,但到底是会埋没了他的才能的。自从到了台北善导寺,在"苏北大团结"中,倾向于苏北的集团利益(当然是为了自己着想)。对我与精舍,看来表面上还是一样,但我是深深地感觉到了。当时,为了整理中佛会,为了入党,子老、悟一、演培,正打得火热。我应该怎样呢!常住在善导寺,以法来约束一切,是

可能的。要悟一履行诺言，一年到了回精舍去，也是不难的。想
到了我的出家，我的来台湾，难道就是为了善导寺而陷于不可解
脱的缠缚中吗？"苏北大团结"，等佛教会改选完成，难道就不
会以我为对象吗？台北首刹善导寺，对我没有一些诱惑力，我还
是早点离开吧！我与悟一是心心相印的，他是会知道的（子老
与演培，当时都不明白）。不过，我没有损害他，正如以建立福
严精舍名义，而割断了与净业林鹿野苑的关系一样。

　　我以书面向护法会辞职。子老知道我决心要退了，就不免
踌躇，请谁（为住持）来为他维持善导寺呢？他一再与我商量善
导寺的未来人选。他提议福严精舍的三个人，我不能同意。最
后我说："要我提供意见，那么南亭法师是最理想了。不说别
的，最近在整理佛教会的关系上，你们也非常的协力同心。"子
老不以为然，我说："那么道安法师，这是赵炎老（恒惕）、钟伯老
（毅，都是护法会的有力人士）所能赞同的。"他又不愿意，我说：
"那么演培吧！"我的话，其实我是讥刺的。子老一心一意的，觉
得演培在台湾未免可惜，而要送他去日本，瞒着我而进行一切手
续。可是，他竟然会（白费种种手续，而）将演培留下，继任善导
寺住持。在子老的心目中，去日本联络佛教界反共，还是不及为
他维护善导寺的重要！我的住持名义，仅一年半，我是将善导寺
交还护法会，我没有交给任何人。善导寺住持，演培是不适宜
的。但父子之亲，有时还不能过分勉强，何况师生！有些事，说
是没有用的，要亲身经历一番，才会慢慢理会出来。可是这么一
来，我对善导寺的关系，断了而又未断，断得不彻底。因为在长
老法师们看来，印顺交给演培，这还是印顺力量的延续。无论是

顺的因缘,逆的因缘,一经成为事实,就会影响下去而不易解脱,因缘就是这样的。

在一九五七年(五十二岁)国历九月十五日,我正式离开了善导寺,心情大为轻松。当时我以什么理由而提出辞退呢! 真正的问题是不能说的,说了会有伤和气。我以"因新竹福严精舍及女众佛学院需经常指导修学,以致教务寺务,两难兼顾"为理由。但就是这些表面理由,又成了逆缘,而受到相当程度的困扰。

一六　有关建筑的因缘

建筑福严精舍以来,我主要有过四次的建筑——一九五三年建福严精舍,一九五四年冬精舍的增建,一九六〇年台北市的慧日讲堂,一九六四年冬建的妙云兰若。说到建筑,要选择地点、筹划经费,即使包工,也要有监工的。这些,在我的回忆中,觉得有些因缘是难以思议的。

说到地点,福严精舍的筹建是在香港,地也置定了,款项也筹得差不多了(移在台湾的建筑费,主要是从香港带来的)。为了来台去日本出席世界佛教徒友谊会,一时不能回去,只好移建在台湾的新竹,这是出乎意外的。而更意外的是:地也买了,工也包妥了,出境证也发了下来。所以无论是顺缘,是逆缘,只能说是我的因缘在台湾了。

妙云兰若的建筑,是想觅地静修的。台中慈明寺主圣印介绍的北屯那块地非常适宜,准备订约了,临时想到水的问题而作罢。在高雄郊区,也看定一块地,准备决定了,听说大水会淹没而停止进行。觅地,实在是不容易的! 嘉义居士们自动来信,为我找到一块山明水秀的好地,要我到嘉义去看。我到嘉义去看,地在兰潭旁边,风景不错,但附近军眷多,可能会烦杂些。不知哪位提议,苏祈财居士有一个果园,大家也就同去看看。果园(隔溪)对面,苏居士说:"这里,从前冈山玉明老和尚,曾在此静修。抗战期间,一位日本禅师也住过。"我向里面一望,阴森森的,杂树纵横,蔓草丛生,连片板也没有了。我说:"这里好。"偶然地经过,就这样地决定了。回忆起来,自己也说不出我到底看中了什么。我想,也许这块地有佛缘,与我有缘吧!

说到筹集建筑经费,有些非常意外,连说出来也许有人会怀疑的,但确乎是事实。一九五四年(四十九岁)冬,福严精舍要增建部分房屋。仅有台币一万元的积余,其余不知向哪里去筹措。我自己画了一纸平面图(大样而已),决定先去看一个人,并约一个人谈谈,再来切实进行。一个星期六上午,我从新竹到了台北市昆明街林慧力(慈航法师为她取的法名是"慈舍")家。坐下来,她就谈起:"我告诉我的先生,我有两个师父。胖胖的师父(指慈航法师)福报大,我供养些穿的吃的就得了。瘦瘦的师父(指我)福报差,在新竹有几个学生,听说还住不下,我想要多少发心。我的先生说:好! 乐捐三(或二,记不清了)万元吧!"我听得希奇,从怀中取出那张平面图说:"今天来正是为了这个呀!"这一因缘,是不可思议的! 慧力与她的先生,关系早已非常疏远。最近忽而好些,有时来看看她。数月以后,移住新北投,这因缘怎么也不可能了!

　　下午,到了善导寺。晚上,约见的人来了。我要约见的,是刘亮畴居士。我没有见过他,也没有知道他的家世与现况。去年冬天,印海到精舍来住,带来刘居士的供养美金一百元,据印海说:刘居士常来善导寺借藏经,此外也不知道。当时我写信谢谢他,将近一年了,也没有联络。我为了增建,忽然想起了他。不过一向没有关联,也不存太大的希望。刘居士与太太——胡毓秀居士同来,我不会闲话,开门见山地说起为了事实需要,想有所增建。他就说:"随喜! 随喜!"指他的太太说:"她也要发心多少。"他问我:"香港有可信托的人吗?"我说:"陈静涛居士是绝对可信的。"他没有说什么,只说:"明天晚上再来。"就这样地走了。星期日晚上,刘居士夫妇俩又来了,拿出一张——应该是什么公司的股息单,两人都签了字,交给我,数目大约港币四五千元。刘居士又说:"建筑费还不够,下次再供养一点。"后来,先后又交来台币,约值美金一千二百元。我的增建工程费,可以说,就在这出来的一天,就这样地解决了。这是可以求得的吗? 是我所能想象到的吗? 因缘实在不可思议!

　　建筑工程的进行,是很麻烦的。我没有建筑经验,也没有兴趣与精神去监督工程,那怎么办? 我竟每次不用自己操心,而且人都去了别处。回忆起来,也觉得希有。福严精舍的建筑在新竹,工程包妥,出境证也发了下来。我急着去香港,一切工程由一同寺玄深的监督而进行。包工包料,工程还算不错。到一九五四年冬的增建,是购料包工。木材与水泥备妥了,工也包了,我就赶着去菲律宾。建材的管理与添购,工程的监督,由精舍的住众——悟一与常觉等负责。等到四月上旬回来,不但早已竣

工,演培等都早已来住定了(精舍以后的增建,是常觉经手,不
能说是我的建筑了)。台北市慧日讲堂的创建,我那时正一年
一度地要去菲律宾,这可为难了。现在台北市"议长"林挺生先
生的令堂,是皈依我的,法名法观。讲堂的地,也是向林府购买
的。由法观从旁劝发,林煜灶老居士——林"议长"的尊翁,答
应为我负责工程的一切,建材,工人,以及佛龛、经橱、讲桌、水
池、草坪,一起承担。在我去菲律宾后,对讲堂的构造,还代作局
部的修正。讲堂是填土三尺,而磨石子没有少少裂痕,可见工程
是很实在的。全部建费,大数八十万元,我是几元几角都结清了
的。但一切由煜灶老居士负责代办,也是不可多得的因缘了!
我感谢他,也为佛法的感召而欢喜!讲堂后来又有局部的增建,
由黄营洲居士代为经营一切。妙云兰若在嘉义,我又人在台北,
不可能监督工程。天龙寺住持心一,发心为我监工,一天去(工
地)一次或两次,也真难为他了!我经手的建筑,都不用自己监
工。有人说我福报大,我不承认,我就是没有福德,才多障多灾。
建筑方面,是佛法的感应吧!也许在这点上,过去生中我曾结有
善缘的。

一七 好事不如无

台北慧日讲堂的修建,是我主动地要这样去做的。我没有
随顺因缘的自然发展,所以引起了意想不到的不必要的困扰。
这又恰好与当时善导寺(与我断了而又似乎未断)的内部风波
相呼应,增加了进行的困难。

　　我与老学长道源去泰国，经一个月的共同生活，他有所感地说："印老！你原来也是能少说一句就少说一句的。"我说："是的，你以为我喉咙会发痒吗？"我没有口才，缺乏振奋人心的鼓动力，对宗教宣传来说，我是并不理想的。我的对外宣讲，每是适应而带点不得已的。那为什么要建立慧日讲堂？我当时有一构想，佛教难道非应付经忏、卖素斋、供禄（莲）位不可？不如创一讲堂，以讲经弘法为目的，看看是否可以维持下去！我从不空言改革，但希望以事实来证明。而且，对精舍的学众，也可给以对外宣扬的实习机会。另一重要原因，是福严精舍在新竹，经费是依赖台北及海外的。海外不可能持久，而台北方面，福严精舍护法会还依赖善导寺（住持是演培）而活动。然在我的观察中，善导寺的问题，不久就要到来（这在演培、续明他们，也许不会理解，所以他们也不大热心于建立慧日讲堂）。到那时，与台北信众的联系，将缺乏适当的地点。所以一九五八年（五十三岁）冬，就与几位居士谈起，要他们先代找一块三四百坪的地，等明年再进行筹建讲堂。我就到菲律宾度旧年去了。

　　我是一九五九年（五十四岁）八月七日（国历）回台湾的。在菲时，曾接到有关修建的两封信。一、精舍住持续明来信：国历四月四日，姜绍谟居士介绍一位徐（大使）夫人来参加般若法会。她愿以台币十万元，在精舍山上建一观音殿。续明不肯作主，说要问过老法师。二、曾慧泰来信：孙（立人）夫人张清扬居士，热心护法，将来建筑经费，想请她发心（据说：张清扬居士常去邻近的黄蕴德居士[法名慧度]家。谈起来，对现在的住处也有些不满。对佛教，大有要护法而无从护起的感慨。慧度与慧泰、慧琦有往来,也就谈到了我,张清扬居士就说了几句好话。就这样,他们直觉的以为可护助我修建讲堂了)。我立刻回信:在现阶段(立人将军已退职),孙夫人是绝对不可能的。佛教界的内情,居士们不完全懂得! 被苏北佛教界推尊为少老的张少齐居士,与张清扬居士结成儿女亲家。张清扬居士也就常住在张府,很早就一切尊重张居士,以张居士的意思为意思,这怎么可以直接向孙夫人筹款呢! 这两封信,结果都引起了意外。

我回到台北,曾慧泰与周王慧芬(法名法慧)居士非常热心。但有些话,我是不便向她们说的,只是劝她们不要向孙夫人募化。她们竟自以为然,去张清扬居士处,请她为讲堂的建筑而发心。没有几天,张少齐居士主办的《觉世》发表了消息,说得非常巧妙。大意是:印顺老法师有善导寺的大讲堂(我离去了善导寺,谁不知道呢),现又在台北筹建讲堂。老法师在菲律宾,有侨领供养美钞一万元;某大使夫人也发心多少,老法师的福报真大! 这一消息的反面意义是:有了大讲堂,为什么要再建? 要建,建筑费也足够了,不用再乐施。张居士真不愧为苏北佛教界的元老! 演培与隆根见了这一消息,赶着去质问张居士,认为不应该如此破坏。张说:据马路新闻(传说),还不止这数目呢! 两人无可奈何,气忿地来见我。我说:"你们去质问,根本就是错了!"这就是向张清扬居士募款得来的反应(还有与慧芬有关的无头信,可以不必说了)。

所说的徐大使夫人,在危难中曾蒙观音菩萨的感应,所以要发愿建像供养。徐大使调部服务,见到多年不见的老同学姜绍谟,知道姜居士现任中佛会常委,就把建观音殿的事全权拜托,

这才介绍到精舍来。我在八月初,约见了徐氏夫妇与姜居士,我
建议要在台北建讲堂,如在讲堂中供一观音像,可有更多的人前
来礼敬。当然,一切以姜居士的意思而决定(后送来台币五万
元而了结此愿)。徐夫人曾说到:北投佛教文化馆向她建议:修
一观音阁,附几个房间。这里风景好,可以来度假、避暑,预算约
三十万元。后来,有人说我抢了别人的护法。唉!来精舍是那
么早,我没有送礼,没有登门拜访,一切出于自愿,是我去与人争
利吗?这一切,归根结底,还是出于我筹建讲堂的一念,否则就
不会有这些不必要的干扰!其实,这只是小小的不如意因缘,更
大的困扰,还在后面呢!唉!真是好事不如无!

一八　实现了多年来的愿望

我到台湾来,有那么多的障碍,主要的症结,以住在善导寺
为第一。脱离这是非场,是我经历了漫天风雨以来的最大愿望。
一九五七年(五十二岁),我辞去了善导寺住持,这应该可以解
决了吗?然李子老竟把演培留了下来,由护法会请演培任住持,
这使得我对于善导寺,断而又似乎未断。脱离是非场真不容易!

演培任住持,请悟一为监院;一九五八年底,又邀悟一的好
友妙然进善导寺为监院(二当家)。演培出国了两次,等到回
来,早上已没有人上殿,演培一个人去敲木鱼、礼诵。演培与妙
然不和,悟一却表示在两人之间。恰好善导寺收回了部分房屋,
悟一大加修理,为了装置卫生设备,子老与悟一冲突起来。子老
一向以不用钱为原则,实在有点过分!于是子老代表护法会,支

持演培来对付监院。演培想得到护法会的支持而辞卸妙然,而子老有自己的目的,拟订了几项办法,主要是会计独立,想将经济从监院手中要过来。我回国不久,子老将办法给我看,又拿去给护法会的护法看,又回来对我说:"我告诉大家,导师(指我)也看过了。"我当时问他:"导师说什么?"子老答:"不加可否。"

还有,我辞退了,子老留演培任住持,演培是没有经济观念的。我为了十八年来的友谊,不能不对子老说(对演培说,他是不会懂的):"此次从泰国回来,发见账目有了变动。过去有了积余,将款存出去时,就明白地在账上支出,存在什么地方。而现在账上,悟一将一切外存都收回了。账上只是结存台币多少万,而不明白这些钱存在何处。"我当时说:"现在钱是不会错的(我交卸时,一一交清),但这一写账方法,你应该知道可能引起什么问题的。"子老说:"我知道,我会看住他。"子老那时,为了入党,为了佛教会(整理委员会)……大家好得很。他是护法会的住寺代表,他到底看住些什么? 等到与悟一闹翻,要会计独立,才把我的话提出来,对台中慎斋堂主说:"导师也说悟一的经济有问题。"话立刻传入悟一耳中,当然对我不愉快。子老老了! 不知"导师说"到底有多少分量,而只想一再地加以运用。

会计制度被破坏而建立不起来。一九六〇年,演培又增请隆根任监院(三位了),但也不能有什么用。到此时,一件事——我一直怀疑的事,终于明白了。隆根是我任住持时经悟一建议而邀来台湾的。一九五七年(五十二岁),我请隆根任副寺,也就是协助监院。隆根并不负责,悟一也没有说什么,这现象是离奇的,到底为了什么呢? 在善导寺纠纷中,隆根支持演培,内情才传说出来。原来,悟一是请隆根来任监院的,隆根也以任监院的名义而离开香港。但到了台湾,竟然不是监院,这难怪行动有点不合常情了。在这些上充分明白了悟一的雄才大略。他自己是监院,就会不得我(住持)的同意而去香港请监院,他早在为他的未来而布局,当时我虽不明白一切内情,而早就深刻地直觉得不对,但我可以去向谁说呢!

善导寺纠纷的本质,事件发展的趋势,我自以为认识得非常彻底,不存任何幻想。可是,一九六○年(五十五岁)春天,我的忽然一念无明,几乎脱不了手。一直闹得不可开交,总不是办法呀!我忽然想起,就与悟一等(善导寺全体僧众)谈起我的构想,一个息除净执的方案。当时,悟一听了也觉得满意,说自己是有人性的,也就是不会忘记这番好意的。于是由护法会推请证莲老与我商酌,拟订方案。主要为,一、多请几位长老为导师:住持不能任意辞退监院,要得多数导师的同意;反之,如多数认为处事不善而应加罢斥,监院也不能赖着不肯走。这是住持与监院间的制衡作用。二、大家分工合作:我那时在菲岛,与性老拟订的方案,想引用到善导寺来。监院既有了三位,那就一主事务,一主财务,一主法务,大家分工合作。想不到方案一经提出,竟引起了一片骂声。问题是:总揽事务的,就不能主管经济;要主管经济,就不能总揽事务。悟一到底是聪明的,大概想通了,这是与自己的权力有碍的。好在有护法陈景陶居士出来,抗论了一下,我与证老才从纠纷中脱出来。事后回忆起来,想不通自己为什么又忽而愚痴,这大概就是人性一面,在明知其不可能,而又多少存点侥幸心吧!

子老只为他的善导寺,绝不为别人着想。他要演培来问我,能不能将慧日讲堂的建筑费,用来修建善导寺的大讲堂(演培那时可能也有这种想法的)? 演培在年底,还邀悟一去精舍,希望能解释误会。演培对悟一存有幻想,竟忘了苏北长老的话:"演培法师! 你不要听李子老的话,与印老远离一点,我们拥护你做青年领袖。否则,苏北人没有与你做朋友的!"这要到我的方案被反对,续明的《佛教时论集》被密告,演培这才渐渐地绝望了。我要去菲律宾时说:"你三年的任期圆满,可以辞退了!"

演培辞退了,由谁来为子老护持善导寺呢? 一九六〇年秋,由护法会礼请闽院学长默如住持。晋山那一天,监院就当众叫嚣诃斥子老。子老这才住入医院,尽其最后的努力。子老拟了以善导寺为"中国佛教活动中心"的提案,经最高当局核可。然后由中央党部、"内政部"等五单位,共同作成行政处分,交由中佛会、台北市政府执行。好在中佛会帮忙,悟一又着实努力一番,方案也就被搁置了。我从菲律宾回来,子老将情形告诉我,并且说:"我是胜利了。至于能否执行,那是政府的事。"有政治经验的人,到底是不同的。假使是我,那只有承认失败了。

默如又不得不辞退了。一九六一年夏,由护法会礼请道安法师住持,以尊重二位监院的确定地位为前提。从此子老也从事实经验中,知道了悟一的确能干,是一位难得的人才。于是放下一切,一切由悟一去处理,也就相安无事,恢复了两年前的友善,在善导寺过着宁静的晚年。道安法师渐渐少来了,不来了,很久很久,一直拖到一九六七年冬天,才由子老向护法会推介,礼请悟一为住持。纠纷,是很不容易安定的。远些说,从我来台湾,住入善导寺开始。至少,在一九五九、六〇、六一年——二年多的艰苦斗争,到此才可以告一结束。我自从离开善导寺,与善导寺的内部纠纷已没有直接的关系,但多少还要被子老与演培牵涉到。等到演培辞退,我多年来的愿望,才真正地实现了!

子老近来写了一部《百年一梦记》,别的事情倒还记得清楚,独对于二年多为善导寺的护法奋斗,竟没有说到。子老毕竟老了! 老年人是容易忘记近年事的。如挂在善导寺门口,那块《海潮音》月刊社的招牌,也在纠纷中被拿下来而不知丢到哪里去。而一经和好如初,子老还想请悟一来共同保管《海潮音》的基金呢! 子老毕竟是老了!

一九　内修与外弘

"内修,还是外弘?"记得演培曾一再问过我,这应该是反应了共住者的意见。回忆起来,只是惭愧,我是矛盾、困惑于内修外弘而两不着实。

到台湾以前,我依附学团,始终与共住者过着内修的生活,极为轻松。到了台湾,住进善导寺,为事实所迫,不得已而为信众们讲经说法,可说开始了外弘的生活。外弘,不是我所长的,而就子老的善导寺来说,不只希望你讲经说法,主持法会,还希望你能写反共文章(演培曾写一个小册子),写向共区的广播稿(演培写了些)。如有佛教的国际活动,你就去代表出席,这也是子老善导寺的光荣。一九五七年(五十二岁)夏天,出席泰国的佛元二千五百年庆典,我一直推说身体不好。我在新竹,接到

子老从台北来信：为了代表出席，星期×某人要来，你决不能说
有病。结果，人没有来，而我已被推派为代表。代表只有二人，
甘珠尔瓦与我，其余的是观察员。我到了台北，道安法师说：
"你去不去？不去，得赶快辞呀!"我只苦笑了笑。我无意占去
代表的一席，但我说要辞，会怎样伤害子老呢! 在这些上，我不
能满足子老的要求，我比演培差得多了!

　　福严精舍于一九五三年九月成立，成一独立学团。子老见
我有了负担，每星期还要往来，所以计算了一下，每月供养导师
三百五十元。直到一九五四年底，还只有唯慈、印海、悟一、常
觉——少数人。精舍的生活，除三百五十元外，凭讲经、主持法
会（每次三百元），信众多少供养而维持。那时，我与精舍的经
济是不分的，我建筑了关房，早有离去善导寺的决心。明年（一
九五五年）住众要增多到十五六人，真是好事，但生活将怎样维
持! 年底，应性愿老法师的邀请，去菲律宾弘法。将回台湾时，
与瑞今法师商量，得到他的支持，愿意代为筹措生活费三年，这
是我所应该感谢的! 那年六月，演培在善导寺成立了福严精舍
护法会，善导寺护法会也每月乐助一千元（导师的供养三百五
十元，从此取消）。从此，福严精舍的经济独立。我应该领导内
修了吧，但是病了。一直到一九五七年（五十二岁）秋天，才离
开善导寺而回到福严精舍。

　　演培住持善导寺，仁俊在碧山岩，常觉而外，仅续明在精舍
掩关（就是一九五五年修的那个关房）。在台湾来共住的，有印
海、妙峰、幻生、正宗、通妙，及几位年轻的，中年出家的（如法融
等）。当时成立了"新竹女众佛学院"，所以一面自己讲（曾讲

《法华经》等要义,及《楞伽经》),妙峰、印海等也在女众院授课,希望能教学相长。一九五八年夏天,我又去了菲律宾。回来,就推续明住持精舍。对内的领导修学,也就由续明负责了。我那时有一想法——还是为了福严精舍,在台北成立慧日讲堂。希望精舍与讲堂,能分别地内修外弘,相助相成,可以长久地维持下去。讲堂的建筑费,半数是从马尼拉筹来的,这都得力于妙钦,尤其是广范热心推动的功德。现在回忆起来,后人自有后人福,何必想得那么远呢!

对外弘,善导寺那段时间而外,慧日讲堂三年多,也着实讲了些经论,听的人还不算少。对内修,在台湾十二年(一九五二年秋——一九六四年春),我没有能尽力,除了病缘、事缘,主要是:从前那样热心地与同学共同论究,是有几位于佛学有些基础,能理会我所说的有些什么特色。在这些上,引起了大家为佛法的热心。在台湾呢,有的年龄大了,有了自己的倾向;有的学力不足,听了也没有什么反应;有的因为我的障碍多,不敢来共住。这样,我虽也多少讲说,而缺乏了过去的热心。

圣严来看我,说:"老法师似乎很孤独。""也许是的。"我以《东方净土发微》为例,他说:"新义如旧。"是的!说了等于不说。没有人注意,没有人喜悦,也没有人痛恨(痛恨的,保持在口头传说中)。他问我:"《掩关遥寄诸方》中说:'时难感亲依,折翮叹罗什',是慨叹演培、仁俊的离去吗?"我说:"不是的,那是举真谛(亲依)、罗什,以慨伤为时代与环境所局限罢了。"我想,如现在而是大陆过去那样,有几所重视佛学的佛学院,多有几位具有为法真诚的青年,我对佛法也许还有点裨益。虽然现在也有称叹我的,但我与现代的中国佛教距离越来越远了。有的说我是三论宗,有的尊称我为论师,有的指我是学者,让人去称呼吧!

学佛法的(男众)青年,是那样难得!演培曾有去香港邀约的建议,这在别人是可以的,但经历了漫天风雨的我,是要不得的。旧有的几位,年龄渐渐大了,自然也有各人的因缘。妙峰去了美国,正宗去了菲律宾。续明在灵隐寺,有十几位年轻的台籍学生(还有几位是从军中退役下来的);三年后,又在精舍成立福严学舍。但在续明的经验中,似乎福严学舍没有灵隐佛学院时代的理想。其实,这不是别的,只是年龄长大,不再是小沙弥那样单纯了!人越来越难得,精舍的少数人,常觉曾应仁俊同净兰若的要求,一再地推介过去,似乎也渐渐地少了。

我逐渐地认识自己,认识自己所处的时代与环境。不可思议的因缘,启发了我,我在内修与外弘的矛盾中警觉过来,也就从孤独感中超脱出来。所以说:"古今事本同,何用心于悒!"一九六四年(五十九岁)的初夏,我移住嘉义的妙云兰若,恢复了内修的生活,但那是个人的自修。我偶然也写一些,又把它印出来。但没有想到有没有人读,读了有没有反应。我沉浸于佛菩萨的正法光明中,写一些,正如学生向老师背诵或覆讲一样。在这样的生活中,我没有孤独,充满了法喜。

这样的内修,对佛教是没有什么大裨益的。内修要集体的共修,仁俊曾发表"办一个道场,树百年规模"的理想。我惭愧自己的平凡,福缘不足,又缺少祖师精神,但热望有这么一位,"办一个道场,树百年规模",为佛教开拓未来光明的前途!

二〇　游化菲律宾与星马

我来台湾以后,曾去过日本、泰、高棉、菲律宾、星加坡、马来西亚。日本与泰(及高棉),是去出席佛教国际会议的集体行动。所以说到出国游化,那只是菲律宾与星、马了。

去菲律宾的因缘,主要是妙钦的关系。一九五二年冬,性愿老法师就托施性水等来邀请。到一九五四年(四十九岁)底,我才初次到了菲律宾的马尼拉。那时,妙钦去锡兰深造,我是住在华藏寺。正月中,曾在信愿寺(七天)、居士林(三天)说法,听众还能始终维持。居士林的施性统、刘梅生居士,邀我去南岛弘法。曾在宿务、三宝颜、古岛、纳卯说法。在宿务——华侨中学操场的晚上说法(三天),听众最多,这是吴陈慧华居士(一般人称之为"屋婶")的号召。我来往宿务,就是住在吴府的。慧华是极虔诚的一位善女人,在宿务有良好的声誉。南岛的一月,正是热季,多少辛苦了些(回来病就渐渐重起来)。但宿务的说法因缘,有一意外收获,那就是慧华与梅生共同发起了创办普贤学校。后来,唯慈在那边服务了十多年。

一九五八年(五十三岁)夏天,我又到了马尼拉,正宗同行。那时,妙钦已经回菲了。这一次,是为性老讲经祝寿而去的。菲律宾的佛教,由性老开化,时间还不久。僧众少而又都是从闽南来的,还保有佛教固有的朴质。我那时的印象,菲岛的佛教,是很难得的。信愿寺自性老退居以来,由瑞今法师任住持,也好多年了。那时已向性老辞退,而寺务还在维持。性老在郊区,又另建华藏寺。性老有二寺合一的构想,合一应该说是好事,但信愿寺住持还不曾解决,二寺联合的住持,应该更难产吧！就在这样的情况下,我被推为二寺的联合上座(住持)。我不是闽南人,在我的心目中,这里的佛教,总是要闽南大德合力推动的。我只能看作机器的润滑油,偶然一滴,希望能顺利地推行下去。从一九五九年到一九六一年,我都来菲律宾一趟。弘法是虚名,对寺务——二寺合一的工作,也因人少而仅有形式。如要说做些什么,那只有促成能仁学校的成立了。瑞今、善契、如满、妙钦诸法师,都热心地想成立一所学校,由信愿寺来支持。对于办学,性老是从来不反对的。但闽南的法师们,似乎非常地尊敬前辈,没有性老肯定的一句话,也就不敢进行而一直延搁下来。我觉得,这是容易的,一切齐全,只缺一滴润滑油而已。我以“大众的决定”为理由,向性老报告,性老也没有话说,能仁学校就这样地开始进行。学校成立以来,信愿寺全力支持,由妙钦去亲自指导,听说已由小学而办中学了。我应性老的邀请而往来菲岛,并不能符合性老的理想。而对妙钦的良好建议,我也没有能实行。回忆起来,好似有什么亏欠似的！

　　一九六八年(六十三岁)冬天,我去了星、马。星、马,我应该早就去了的,特别是一九五八年,星、马的佛教同人,知道我到了马尼拉,就联名来邀我,我也准备去了,但结果没有去。因为,一、我早有去星、马的可能,但有人忠告我:星洲的政治情况复杂,千万不要去,以免再引起不必要的困扰。这次,我是决心不管这些而要去了。但星洲政局,恰在这时候变化,李光耀领导的人民行动党胜利了;那时是联共的,连党名也加上“人民”字样。

趁这个时候赶着去,自己也觉得有点不合时宜。二、金门炮战发生了,我身居海外,觉得情况严重,我应该回国与大家共住。其实台湾的人心非常安定。就这样,我临时改变了主意,对星、马佛教同人的那番热心,我非常抱歉,这也许因缘还没有成熟吧!

一九六八年(六十三岁)冬,演培在星洲成立般若讲堂,定期举行落成开光典礼,请我去开光。我那时身心渐衰,已失去了游化的兴趣。但演培一次一次地函请,我一定不去,以过去的友谊来说,似乎不好意思了。去吧! 就约常觉也去。

在星、马,有的是厦门相识的道友,如广洽、广义、常凯、广周、广净、广余……本道是戒兄;优昙与竺摩是老同学;胜进与明德法师,曾多次通信,而对我作道义上的鼓励。般若讲堂的演培、隆根,那是不消说了。印实师弟而外,还有慧圆、慧平等前年(一九六五年)来台湾依我出家的好几位弟子。我一向是平淡的,无事不通信的。大家相识而没有过分亲密,也就没有什么大障碍。所以星、马的游化,在平和的情况下,到处受到亲切的招待。

这次在星洲,主要为一九六九年正月星洲佛教总会为我安排的,假座维多利亚大会堂的两天讲演,讲题是:《佛法是救世之仁》。又在弥陀学校说法。我去了印实为纪念先师而成立的清念纪念堂,又去了先师旧住的海印寺。曾在般若讲堂,举行了几次皈依。陈爱礼女士也就在这一期间皈依并受了五戒。这次在星洲,见到了闽南长老转岸老和尚,见面时异常的亲切。唯一美中不足的,是总会会长宏船法师恰在病中疗养,没有能作多多的晤谈。

本道戒兄为我办好了手续，我就从星洲去马来西亚，首先到了槟城。这是一个有名的花园都市，风景优美，我就住在竺摩法师的三慧讲堂。在讲堂讲了一部《心经》，也曾在菩提中学讲演。由此到怡保，晤见了胜进与宗鉴法师。然后上气候凉爽的金马仑，本道老要在这里开建大道场。陪我从金马仑下来，到马来西亚的首都吉隆坡，见到了镜盦法师。普陀山鹤鸣庵广通老和尚派下的盛慧，那时已老病龙钟（与我是亲房同辈），也难得地见到了。然后到马六甲，会到了对佛教有能力、有热心的金明、金星两法师。又经麻坡，峇株巴辖而回到了星洲。在怡保、吉隆坡、巴生、马六甲、麻坡，都有一次或两次的演讲，只可惜我的语言不能畅达。近一个月的时间，经这么多的地方，访问、应供、讲话、长途汽车旅行，我的身体竟然维持了下来，我也有点感到意外了！

在星洲时，广义法师提议，愿意为我发起筹措出版的费用；印实也要举行法会，以法会的所得，为我作出版印刷的费用。我觉得，在星洲受到佛教同人太多的优待，而自己不曾能在此多结法缘。这么做，会被误会是为了化缘而来的，所以我辞谢了。我深感二位对我的好意！

有人问我：你是浙江人，为什么从一位福建老和尚出家？我也觉得因缘是微妙的。现在回忆起来：师父是闽南人，师弟（还有徒弟厚学）也是闽南人；自己到闽南来求学，也一再在闽院讲课；妙钦、妙解、常觉、广范、广仪、正宗，都是闽南人，而有过较长时间的共住；我所游化的，是菲律宾（五次）及星、马，也是以闽南大德为主的化区。我虽不会与人有交往的亲密，而到底也有了这么多的道友。一切是依于因缘,我想,也许我与闽南有过平淡的宿缘吧!

二一　有缘的善女人

来台湾二十年,有缘的人不少。有缘,不只是欣喜,而也会苦恼的。佛法说:"爱生则苦生";为了爱护,或过分的热心,……也会引到相反的方向。因缘,原来就是有相对性的。善男子当然也不少,而所以要写几位有缘的善女人,那因为在来台二十年中,留下一些值得回忆的因缘。

一、慧泰:在我来台湾不久,住在善导寺。一天傍晚,我忽然走向大殿,看看流通处(大殿西南角)。一位五十来岁的太太,衣着朴素,行动缓慢地进寺来。礼了佛,问旁人:香港来的法师,是在这里吗? 有人就为她介绍,向我顶礼。看看时间不早,说:"我明天可以来请开示吗?"我说:"可以。"她就缓慢地走了。她的面容憔悴,神情忧郁而极不安宁。我想:世间真是多苦的世间。

她再来时,说自己姓曾,过去是办教育的。为了学校,曾请政府依法惩处不法者。但她的爱女,忽然卒病死了。这是她的罪恶,害死了她的爱女。为了爱念女儿,就悔恨自己的罪恶,在爱而又悔的苦恼中,不能自拔,问我有没有救度的方法。我为她略示佛法的因果正理:为维护教育而依法惩处,即使执法者过严,也不能说是你的重大罪恶。死亡的原因很多,但依佛说,绝没有因父母而使儿女病死的道理。夫妻也好,父母与儿女也好,都是依因缘而聚散的。如因缘尽了，即使没有死，也可能成为仇人或路人一样。经过几次开示，神情逐渐开朗而安宁起来。后来皈依了我，法名慧泰。我从不问信徒的家庭状况，到第二年（一九五三年）初夏，才知道慧泰是立委曾华英。

慧泰的个性很强。慧泰对我，对精舍，特别是对仁俊，可说爱护备至，一直到现在。但也许护法的过于热心，也不免引起些困扰。好几年前，幼儿有病，使她非常的困恼。广钦和尚劝她逃，慧泰问我，我说："有债当还，逃是逃不了的！"她终于坚忍地支持下来。最近，情况好转，应该是业尽障消的时候了！

二、慧教：这是一位青年就学佛的，勤劳俭朴，多少能为信众们介绍佛法的善女人。她原是月眉山派下，法名普良，沿俗例也有徒众。她大概是在基隆皈依我的，法名慧教。后来移住到台北，往来也就多了。她有领导信众、主持道场的热心，所以读了我的《建设在家佛教的方针》，觉得非常好。在慧日讲堂的筹备中，她非常热心，与慧泰也谈得来。她以为：福严精舍是为法师们建的，慧日讲堂是为在家弟子建的。这与成立讲堂的意趣不完全相合，所以热心听法，而多少要不免失望了！

三、宏德：一九六三年（五十八岁）秋天，苏慧中居士（也是一位难得的善女人）陪她来听经，首先有一条件，只听经，不皈依。我对慧中说："讲经是为了大家听法，好好听就得了。"每次来听，都有儿女相陪。来了就听，听了就去，我也没有与她谈话。到了讲经圆满，她才进来坐一下，并问有关静坐的问题。后来据慧中说：她家是开毛纺厂的，先生意外地去世了。有事业，儿女还小而丈夫就去世，这是难免会忧苦增多的！

一九六四年(五十九岁)元旦,她去新竹参加福严学舍的毕业礼,请求皈依,法名为宏德。那年秋天,来嘉义妙云兰若。谈起有人劝她共建道场,我说:"如奉献三宝,就要多些人来共同发起。如将来自己也想去住,那就以人少为妙。"不久,她胰脏炎复发,危急到准备后事了。她说:"那时自知无望,也就没有忧怖,一心系念三宝。忽而心地清凉宁静,人就迷迷糊糊地睡着了。等到醒来,病情迅速消失,连医生都感到意外。"于是她感到三宝的恩德,人生的无常,急急地建成了报恩小筑。大殿不大而庄严,是她与女儿们设计的。报恩小筑的建设,为了报答亲恩,也为自己的长斋学佛着想。一九六五年(六十岁)春落成,第二年我也住到报恩小筑,她(住在家里)时常来礼佛。到一九六九年(六十四岁)秋天,我回到妙云兰若,已住了三年多了!

宏德对我的四事供养过于优厚,使我有点不习惯,但说她也没有用。她为我出版了《说一切有部为主的论书与论师之研究》。我要去星、马,她就自动地备办了小佛像、念珠等,让我拿去结缘。她的承事供养,胜过了对父母的孝思。她的婆婆、姑母、二姑、二女儿,连初生的长孙,也结缘皈依,全家都叫师父。我要离开小筑,一再劝她请法师供养,她固执地不愿意。以不皈依为条件而来,而又自动地皈依了,这只能说是有缘了。

宏德为了事业(先生去世,她就没有去顾问),为了儿女,经常有些困扰。也许与性格有关,坚强中略有些匆遽的神情。现在儿女都渐渐长大了,个个聪明能干。我想,不要几年,儿女全都长成而独立,她应该能更安详地奉佛了!

二二　学友星散

人生的聚散无常，真如石火电光那样的一瞥！

与我共住较久的，现在是：演培在星洲般若讲堂；妙钦在马尼拉主持能仁学校；续明死了；仁俊别建道场；妙峰在纽约成立中华佛教会；幻生在德山岩自修；常觉最近也离开了福严精舍。其他是演培与续明领导的学生，虽在精舍住过，我多少有隔代的感觉。我缺少祖师精神，没有组织才能，所以我并不以团结更多人在身边为光荣，而只觉得：与我共住过一个时期的，如出去而能有所立——自修、弘法、兴福，那就好了！

我与演培、妙钦，在一九四〇年底就相见了。演培，苏北高邮人，可说是与我共住最久的一人！从一九五三年到一九五七年夏天，对福严精舍与善导寺，我因病因事而不在时，由他代为维持法务，可说是帮助我最多的一人！我一向以平凡的标准来看人，演培是有优点可取的。他热心，为了印《印度之佛教》，他奉献了仅有的积蓄。预约、出售《大乘佛教思想论》的余款，乐助为福严精舍的增建费。他节俭，但并不吝啬于为法，或帮助别人。他的口才好，声音也好，所以到国外去宣讲佛法，到处有缘。于佛法也有过较深的了解，如能一心教学，教学相长，偶尔地外出弘化，那是最理想不过的了。他多少有苏北佛教的传统，与我一样的缺乏处众处事的才能（缺点不完全相同）。他的处众处事，如遇了顺缘，就不能警觉，往往为自己种下了苦因。他有点好胜、好名，"三代以下唯恐不好名"，如为名而珍惜自己，不正是善缘吗？他自从辞退了善导寺，似乎非要有所作为不可。住持日月潭玄奘寺，也许就是出于这样的一念吧！人是不会没有缺点的，希望能在不断的经验中，能从佛法的观点，容忍地、警觉地去适应一切，创造一切！

对我一生帮助最大的，是妙钦。我与妙钦在四川共住的时间不过两年多，所以，与其说由于共住，不如说由于思想倾向的相近。他曾编《中国佛教史略》（后由我改编）、《初机佛学读本》。他对佛学，有条理、有思想。文字、讲演、办事，都很好。西湖佛教图书馆，就是我们的共同理想，也可说是促成他去菲的一项因素。一九四九年就去了菲律宾（又去锡兰深造多年）。大陆变色，他将为佛法的热诚寄望于菲律宾的佛教，希望能从性愿老法师的倡导中，有一新的更合理的发展。但性老有为法的热心，观念却是传统的；我虽去菲律宾，也不能有所帮助。为时代与环境所局限，心情不免沉闷。一九六〇年（？）起，负起了主导佛教创办的能仁学校的责任。现在应该已五十岁出头了。时代与环境的局限，是不能尽如人意的。唯有本着能进多少就是多少的信念，才能不问收获而耕耘下去。别离又十年了，他是我所不能忘怀的一人！

续明，河北人。共住汉院的时间并不长，从雪窦寺编辑《太虚大师全书》起，才一直在一起。一九五三年春，续明来台湾编辑《海潮音》。一九五六年秋，我要住结核病院，有切除肋骨的打算，这才与他（正在灵隐寺掩关）商量，要他移到精舍来掩关。一九五八年冬，我从菲回来，又以时常要出去为理由，请他接任精舍的住持，一共维持了五年。从雪窦到台湾，他始终给我很多的帮助。续明是外貌温和而内性谨肃的。对自己的弟子与学生特别关切，真是慈母那样的关护。对沙弥与女众的教导，没有比他更适宜的了。他曾亲近慈舟老法师，所以掩关以来，有了重戒的倾向。他主办灵隐佛学院，首先调查灵隐寺受具足戒者的人数，他是想举行结界诵戒的。寺方怀疑了，几乎一开始就办不下去。其实，何必顾问寺众呢！一九六一年初，主办福严学舍，建议全体持午。这不但有旧住者散去的可能，而且慧日讲堂没有持午，讲堂与精舍，不将隔了一层吗？他嫌我不支持他。这些不能说是缺点，只是从小出家于寺院（以小单位为主），不能关顾到另一方面而已。续明的身体，看来是很实在的，然在香港就有脑(？)病。全力关护于学院学生，病也就越来越重了。一九六四年，辞卸了精舍的住持，作出国的游化活动，却想不到竟在印度去世了！他正在香港、越南、星、马游化，又以出席佛教会议而死在佛国。如死后哀荣也是福报的话，那与我有关的学友，连我自己在内，怕没有比他更有福了！

　　仁俊，是在香港净业林共住了一年多的。在与我共住的人中，仁俊最为尊严，悟一最为能干！仁俊的志趣高胜，所以不能安于现实。过分重视自己（的学德），所以以当前自己的需要为对的，绝对对的，需要（即使是自己过去所同意的，所反对的）就可以不顾一切。

　　仁俊是一九五五年初到精舍来住的。我四月上旬从菲回来，他早有过住中坜圆光寺的打算了。一九五六年秋，我将住结核病院，请他为大家讲一点课，他不愿意，听说碧山岩要请法师，就自动地去了（碧山岩如学曾说我不爱护徒孙，不肯派法师去，不知道这是要自己需要才有可能的）。起初有十年计划,后修正为五年。据说:读了戒律,知道比丘住比丘尼寺是不合法的,感到内心不安。要碧山岩为他另行(离远一些)建筑,否则住不下去。一九五八年底,他来参加灵隐佛学院的开学礼,大家知道他住不安了,也就劝他回隐院讲课,他就这样离开了碧山岩(住了二年多)。隐院(续明主持)还是住不安,一九五九年秋季开学期近了,课程早排定了,他却一走了事。先到碧山岩,要求住过去住过的地方。不成,就由道宣介绍,住屏东有规模的尼众道场——东山寺(不肯为众说法结缘)。可能是一九六一年秋季(?),仁俊回到了精舍(大概是续明约他回来的)。年底,演培、续明、仁俊,自己商量定了,再由我与大众在精舍举行了一次会议,议决:一九六四年春,精舍由仁俊主持,讲堂由演培主持。这是仁俊自动发心,而又当众承认通过的。我虽然感到意外,但也当然是欢喜了。这一次的决议,仁俊与演培,都不曾能履行诺言。一九六四年,仁俊自己建立同净兰若。前年,仁俊又有去德山岩(尼寺)掩关的准备。最近,又传说有出国的构想。非建不可的同净兰若,应该又有不安之感吧!这当然不是为了经济,而应该是不能"同净"。仁俊的志性坚强,情欲与向上心的内在搏斗,是怎样的猛烈、艰苦!在这末法时代,是很难得的!然在他的性格中,没有"柔和",不会"从容",只有一味的强制、专断,而不知因势利导。"柔和"与"从容",对仁俊来说,没有比这更重要的了!

　　仁俊与演培,为什么都不曾能履行诺言?一九六二年底,信敬仁俊而与我有缘的曾慧泰,为仁俊购置了土地。精舍的法师而值得人信敬供养,我是只有欢喜的。不过我立刻告诉慧泰:仁俊法师自动发心要主持精舍,并经会议决定,不要因此而起变化。一九六三年(国历)七月,仁俊来信,说要兴建静室。我请他履行诺言,对精舍,你要这么办就这么办。自行化他,在精舍还不是一样。但是,非自建不可。起初,曾慧泰还说:"(仁俊说)不会在未得导师允许前兴建兰若",而到底在慧泰等护持下兴建了。就这样,自己发心,而又为自己的需要而取消。演培为什么不履行诺言?他给续明的信上说:"讲堂,我应回来为导师分担一分责任的。但台北的大环境,我实在不能适应。况且曾居士最不愿意我负讲堂之责的。……想来想去,以延期回台为是。"这应该是我一生中最不可思议的因缘!护法们对学团内的学友,有缘或者没有缘,原是免不了的。由此而引起学团的从分化到分散,总不免感到意外!

二三　写作与出版的回忆

一九三一年(二十六岁),到厦门闽院求学。上学期就写了《抉择三时教》、《共不共之研究》(虚大师曾有评论),都登载在《现代僧伽》。下学期到了鼓山,又写了《评破守培上人〈读唯识新旧不同论之意见〉》,载在《海潮音》。这一年,可说是我写作开始的一年。

一九三四年(二十九岁),在武院,曾写了《三论宗传承考》,及有关护法对空义的意见(题目忘了),都载在《海潮音》。

一九三九年(三十四岁)秋天,我在汉院。虚大师从昆明寄来林语堂的《吾国与吾民》，要我对有关不利佛教的部分加以评正。我写了《吾国吾民与佛教》，载在《海潮音》上。汉院同学们，热心地把它印成小册送人。出家来近十年了，部分的写作都没有存稿。还有些不成熟的作品，有些连自己也忘了。

一九四〇年（三十五岁），我住在贵阳的大觉精舍，写成《唯识学探源》一书，进入了认真的较有体系的写作。我思想的主要特征，也逐渐明白地表示出来。

一九四一年（三十六岁），上学期，写了以力严名义发表的《佛在人间》、《法海探珍》、《行为的价值与生命》、《佛教是无神论之宗教》等文字。又为演培、妙钦、文慧讲《摄大乘论》，笔记稿就是《摄大乘论讲记》。

一九四二年（三十七岁），在四川合江法王学院。那年，写了《印度之佛教》、《青年佛教与佛教青年》。春天，为学生讲《金刚般若波罗蜜经》，演培笔记，成为《金刚般若波罗蜜经讲记》。下学期又为演培等讲《中观论》颂，到第二年才讲了，由演培笔记，就是《中观论颂讲记》。

一九四三年（三十八岁），在法王学院。下学期起，为演培等讲《楞伽阿跋多罗宝经》，演培笔记，但没有成书。冬天，为续明等论大乘，后改编为《大乘是佛说论》。这年夏天，《印度之佛教》出版，这是我作品出版的第一部。这部书的出版，有一段不可思议的因缘。书在重庆排印，由蒙达居负责。承印者是没有印刷所的，交给别人排印。大包又小包，在物价逐渐上涨中，真正的承印者没有利润可图，排不了三分之一就搁了下来。预定出书期到了，竟渺茫到毫无消息。不知怎样的，原稿落在某君

(姓名已忘)手中。某君是属于军部的印刷所的一位主管,曾经出家而后来参加革命的。他读了这部书,竟自动发心,愿意帮助完成这部书的出版。排印纸张费用,当然照价计算,但(素不相识的)某君的这番好意,使我忘不了。

一九四四年(三十九岁)春,仍在法王学院。妙钦编写了《中国佛教史略》,我加以补充整编,作为我们二人的合编。夏天回到了汉院,讲"阿含讲要",由光宗等笔记,即《佛法概论》一部分的前身。又为妙钦、续明等讲《性空学探源》,由妙钦笔记。冬天,《唯识学探源》出版了。

一九四五年(四十岁),曾写有《秦汉之佛教》,载《文史》。

一九四六年(四十一岁)冬天,《摄大乘论讲记》在武昌出版,这多得力于西康史建侯居士的资助。

一九四七年(四十二岁)春,在武院写了一篇《僧装改革评议》,部分曾载于《觉群》。那一年,在奉化雪窦寺编《太虚大师全书》。在编纂期间,为续明等讲《中观今论》、《般若波罗蜜多心经》,都由续明笔记下来。七月里,《中国佛教史略》在上海出版。

一九四八年(四十三岁)春,继续编纂《全书》。写了《佛教之兴起与东方印度》,载在《学原》。又写了《评熊十力的〈新唯识论〉》。三月间,《金刚般若波罗蜜经讲记》出版。

一九四九年(四十四岁),住厦门南普陀寺。将"阿含讲要"改编补充为《佛法概论》,为大觉讲社的课本。到了夏末,到香港。就在十月里,得妙钦的资助,《佛法概论》在香港出版。那年冬天(到下年正月底),住在粉岭的觉林,编写《太虚大师年谱》(由太虚大师全书出版委员会出版)。

一九五〇年(四十五岁),移住大埔墟的梅修精舍。《中观今论》、《般若波罗蜜多心经讲记》、《评熊十力的新唯识论》、《青年佛教与佛教青年》、《性空学探源》、《大乘是佛说论》,都先后在香港出版。其中《中观今论》是香海莲社出资流通的。我在梅修精舍,讲《大乘起信论》,由续明、演培笔记,成《大乘起信论讲记》一书。冬天,我又写了《佛灭纪年抉择谈》。

一九五一年(四十六岁),移住青山的净业林。在这里,讲了《胜鬘经》、《净土新论》,都由演培、续明笔记。自己想写一部《西北印度之论典与论师》,并开始着笔,断续地写了一部分。这一年,《佛灭纪年抉择谈》、《净土新论》、《大乘起信论讲记》,又先后出版。

一九五二年(四十七岁),槟城明德法师发心代为筹措印费,所以《中观论颂讲记》、《胜鬘经讲记》,能顺利地出版。这一年,为净业林住众讲《人间佛教》,由仁俊笔记。但在预计中,这是没有完成的稿子。秋天,到了台湾。到台湾以后,我的生活环境有些变化。过去,都是为少数同学或在佛教学院讲的,讲稿大都能整理出来,自己也写了些长篇文字。而到了台湾,多数是为信众讲的,有些讲稿也没有能整理出来。长篇的写作停止了。写的与记录的,都发表在《海潮音》。

一九五三年(四十八岁),曾在善导寺讲《真实义品》、《妙慧童女经》,都曾有记录。冬天,主持善导寺的佛七。事后,追记所讲的,题为《念佛浅说》,由护法会筹印结缘。

一九五四年(四十九岁)秋天,在善导寺讲《药师经》,由常觉、妙峰笔记,成《药师经讲记》。

一九五六年(五十一岁),选取自己这几年写的或讲的短篇,编为《人间佛教》、《学佛三要》、《顽石点头》、《以佛法研究佛法》——四册,付印流通。那年,写了《印度佛教与中国佛教之关系》,是应《中国佛教史论集》征文而写的。

一九五七年(五十二岁),为星洲弥陀学校编《佛学教科书》十二册。

一九五八年(五十三岁)底,讲《修身之道》,慧莹笔记。

一九五九年(五十四岁)腊月,到王田善光寺度旧年,完成了《成佛之道》。这部书,起初(一九五四年)在善导寺共修会编颂宣讲。一九五七年下学期,又扩充编定,为新竹女众佛学院作讲本。随即为偈颂写下简单的解说,到这一年的年底年初才脱稿。

一九六〇年(五十五岁),《成佛之道》出版。

一九六一年(五十六岁)到一九六四年(五十九岁)春天,在慧日讲堂讲了《妙法莲花经》、《维摩诘经》、《宝积经·普明菩萨会》、《分别法法性论》、《金刚经》、《净土论》等。《法华经》有未经整理的能度记录。黄营洲居士伉俪,记成《宝积经述要》。这部经,我讲过三次,所以自己又追记而写成《宝积经讲记》,后于一九六四年九月出版。《修身之道》,也早一年出版了。我在一九六三、六四年,发表了《上帝爱世人》,引起吴恩溥牧师的批评,所以又写一篇答复他。香港、曼谷的同道们,把它印成小册,分送各界。

一九六四年(五十九岁),在嘉义妙云兰若掩关,这才又恢复了十二年前的生活。但没有讲,也没有人记,在自修之余,只能自己写作。

一九六五、六六年(六十岁到六十一岁)间,在中国文化学院,授"佛法概论"与"般若学",都没有定稿。

一九六七年(六十二岁)夏天,在报恩小筑。读了《太虚大师在现代中国佛教史上之地位与价值》,所以写了《谈入世与佛学》,下一年单行流通。我从一九六四年以来,恢复早年的写作生活。首先整理旧稿——《西北印度之论典与论师》,扩充改写为《说一切有部为主的论书与论师之研究》,到这年秋天才脱稿。

一九六八年(六十三岁),得宏德的乐施,《说一切有部为主的论书与论师之研究》出版。

一九六九年(六十四岁)春天,在星洲讲《佛法是救世之仁》,由慧理笔记。后与在香港所讲的慧轮所记的综合为一篇。在星洲时,又写了《人心与道心别说》。秋天,回到了妙云兰若。《原始佛教圣典之集成》,在年底脱稿。

一九七〇年(六十五岁),拟编《妙云集》,重印了《胜鬘经讲记》。这一年,专心研究,写成《中国禅宗史——从印度禅到中华禅》。

一九七一年(六十六岁),发表《神会与〈坛经〉》,这是针对胡适的"神会造《坛经》"而写的。二月,《原始佛教圣典之集成》出版。五月,《中国禅宗史》出版。

出家来四十二年,可以分为四期:最初十年(一九三〇——一九三九年),是学习时期。次十二年半(一九四〇——一九五二年夏),为思想勃发,讲说与写作最多的时期。再次十二年

（一九五二年秋——一九六四年夏），到了台湾，是运用部分思想，而应用到为信众说法，或出国弘化，自己的写作就少了。一九六四年夏天起，回复第二时期的状态。思想较成熟，写作更精密，没有讲说，已写成了《说一切有部为主的论书与论师之研究》、《原始佛教圣典之集成》、《中国禅宗史》。以后，一切要由因缘去决定了。

我在一九七〇年，决定将我所讲所写的（除上三书），编为《妙云集》。全集分为三编：上编为经论的讲记，集成七册。中编是专论，如《中观今论》、《成佛之道》等，集成六册。下编是将种种短篇（也有五六万字的），依性质不同而类编为十一册。全部为三编二十四册，约三百六十万字，准备次第地重新排印出来。《中国禅宗史》等三书，约一百二十万字。多年来东涂西抹，到现在为止，就是这些了。

二四　传戒因缘

我没有精究律藏，没有通晓律意，适应现实的深一层认识，所以我没有特别主张。而对沿习下来的佛制祖规，我也没有什么反对。对于台湾近二十年来的传戒运动，我也参加过，那只是随喜而已。

一九四八年（四十三岁）冬天，我因性愿老法师的邀请，以祝贺者的心情到了厦门。在戒期中，也讲了几次通泛的开示。授具足戒时，我与先师念公都参加戒坛为尊证，这是我与传戒因缘有关的第一次。

一九五五年(五十岁)夏天,台中宝觉寺智性长老来福严精舍,邀我参与冬期传戒,担任教授。那时,我病势渐重,我说:"智老!这是我应该随喜。只是我病体不知怎样,怕临时误了戒会。"智老还是要请我,并且说:"如法体欠佳,可以推人代表。"这样,我就不好意思推了。到了戒期,我正终日躺着静养,由演培去代表。

一九六三年(五十八岁),白圣法师在临济寺传六十寿戒,邀我担任尊证。问起时间,恰好是预定应台南市佛教会的邀请作七天弘法的时间,不凑巧。白圣法师说:"那么,推代表好了。"我当然接受了,那次是印海去代表的。

一九六六年(六十一岁)秋天,贤顿法师来(白圣法师同来),说起临济寺传戒,邀我当尊证。那一天,我正在感冒发烧,这是就会好的,所以我答应了。想不到不久去拔牙,一次又一次的,每次都渗血四五天,饮食不便,疲累不堪。不得已,又请印海去代表。两次都没有能亲自参与临济寺的戒会,只能说因缘不具足了。

一九六七年(六十二岁)冬天,台中慈明寺传戒,请我任得戒和尚。不过,我是看作慈明寺传戒,我不过随喜而已。好多年前(一九六〇或六一年),演培陪圣印来,说起为了满足智性老的遗愿,要举行第三次戒会。传戒要向中佛会转呈申请,通例要有得戒和尚的名字。那时,智性老已经去世,所以圣印要我出个名字去申请。演培也帮着说。好吧!就作个人情,用我的名字去申请吧!想不到过了这么多年,真的要传戒了,那就只好当一次得戒和尚了。其实,圣印要我当得戒和尚,一开始就错了!

在一九六五年的华僧大会上，有人提了一个革新传戒制度的提案。不合佛法、不切实际的提案，横竖是行不通的，我连反对的兴趣都没有。大家也都随便地通过了，由中佛会转呈政府备案。圣印用多年来的传戒制度，发出通知，筹备一切。大概离戒期不过（或不到）两个月了，政府核准了传戒的新办法。中佛会召集会议，要圣印去列（出）席。这一下，圣印可着急了。后来经中佛会会议通过，这次筹备不及，姑且通融采用旧制度。不过受戒者的资格，如神经失常、盲哑残废，绝对不得受戒（这些，我都是后来知道的）。不久白圣法师回国，离戒期不到一月了，认为应严格执行政府核准的规制。圣印来报恩小筑看我，我主张：中佛会是中国佛教的最高机构，遵从教会的意旨是不会错的，这又不是你出尔反尔。戒弟子多少，有什么关系！圣印当然有些事实困难，不可能像我那样的无所谓。后来由中佛会特派专员去慈明寺审查受戒者的资格。那天晚上，我没有在慈明寺。听人说：有新戒起来说话，辞锋相当锐利，审查者是并不容易答复的。就这样地审查了一会，也就算了。世间事是不可思议的！慈明寺戒期还没有终了，中佛会会议决定：新规制窒碍难行，呈请政府，还是采用老规矩。这个新方案，与慈明寺传戒相始终，似乎有了慈明寺传戒，就有新规制的必要一样。圣印请我当得戒和尚，不知添了多少麻烦，费了多少口舌。但由于中佛会要推行新规制，那些想受而还没有受戒的，怕再没有受戒的机会，大家发心来受戒。慈明寺戒会，受出家戒的多达四百二十五人。中佛会的新规制，起了号召大家来受戒的副作用，世间事真不可思议！我是个无事人，一向信任因缘,由因缘去作决定好了!

　　一九六九年(六十四岁),我又参加了基隆海会寺的戒会,任尊证。参与传戒,在我这一生中,都不过随喜而已。

二五　我缺少些什么

　　今年六十六岁了,思想与行动都已成了定型,不可能有大的变化。回忆我的一生,觉得我的一切,在佛法中的一切,都由难思的业缘所决定,几乎是幼年就决定了的。当然,适逢这一时代,这一环境,会多一些特殊的境遇,我应从出家以前的理解出家以后的一切。

　　我生于浙江省海宁县,离卢家湾镇二里的农村;俗姓张,名鹿芹。家里有不到十亩的田地,父亲却在一家小南货店里作经理,所以我的家庭是半农半商的。我生下来就患了一次重病;母亲的身体弱(晚年健壮起来),奶汁不足,所以身体一向就寡薄。曾患了大半年的疟疾——四日两头,这在当时,是没有看作什么大病的。身体寡薄,而发育却又早又快,十五岁就长得现在这么高了。寡薄瘦长的身体,对我未来的一切,应有深切的关系。

　　我生于丙午年(民前六年)清明前一日。与身份证年龄差了五岁。我又不要逃避兵役,又不会充老卖老,为什么多了五岁?说起来是可笑而可悲的。一九四一年,我任合江法王学院的导师。晚上去方丈室闲坐,宗如和尚问我:“导师!你快六十岁了吧!”我听了有笑不出哭不出的感觉,只能说:“快了!快了!”三十六岁的人,竟被人看作年近六十,我那憔悴苍老的容貌,与实际年龄太不相称。说出实际年龄,是会被外人(在家人)讥笑的。从此,就加上五岁。说习惯了,一九四六年(四十一岁)在开封办身份证,也就这样多报了五岁。我想,身份证不用改了,实际年龄还是改正过来吧!

我只有一个姊姊(出嫁几年就死了),家里人口简单。六岁(民前一年)的六月,我进私塾去读书。一九一二年(七岁),跟了父亲去新仓镇,先是进私塾,后进小学堂去读书。新仓镇离我家七里,近钱塘江的小镇,就是父亲经商的地方。一九一五年(十岁)冬天,小学毕业。在家里自修了半年,一九一六年(十一岁)秋天,去离家二十多里的硖石镇——在西山下的高等小学堂读书。我是插入二年级的,一九一八年(十三岁)夏天就毕业了。从正轨教育来说,我从此就失学了。在我的记忆中,抗战期间死于重庆的吴其昌,在台大外文系教学的虞尔昌(鄞墅庙人),都应该是我的同班同学。但他们是高材生,我是勉强及格了的。

回忆起来,我的特性——所长与所短的,那时就明显地表现出来。一、我与艺术是没有缘的。写字、图画、手工、唱歌(还有体操,那是与体弱有关),我在学校中,怎么也不可能及格的,所以平均分数,总不过六十几分。没有艺术气质,所以学过吹笛、拉胡琴,怎么也不合节奏。我也学过诗,诗韵、诗法懂一点,可是哼出来的,是五言或七言的文章。我不会欣赏音乐,也不懂名家字画的好在哪里。说话没有幽默感,老是开门见山,直来直往。对一个完全的人生来说,我是偏缺的。

二、七岁就离开了母亲。父亲到底是父亲,生意忙碌,除了照顾换洗衣服、理发外,缺少了慈母那样的关怀。十一岁到硖石去读书,寄宿在学校里,连父亲也不见了。自己还不会照顾自己,不知道清洁、整理。乡下来的孩子,体格差,衣服、文具都不及同学们,产生了自卑感、孤独感,什么都不愿向人倾吐。除了极亲熟的,连向人说话都是怯生生的。生性内向,不会应酬,是我性格的一面。

三、我也不能说没有长处,学校的功课方面,国文、算术、历史、地理,特别是国文,我是不能说太差的。在高小第三学年,张仲梧先生授国文,我有了长足的进步。我的作文,善于仿古,又长于议论。一篇《说虎》,曾得到了五十分(满分)加二分。所以在我的性格中,又有自命不凡的一面。自卑与自尊,交织成我性格的全体。我不爱活动,不会向外发展,不主动地访晤人。到现在,我也很少去看人的,而只能安静地内向地发展自己所能表现的一面。

四、我从小有一特点,就是记忆的片面性。一部分(大抵是通过理性的)不容易忘记,一部分(纯记忆的)实在记不得。从家到新仓,不知走了多少趟,但自己还是会走错的。直到四十四岁,在香港湾仔佛教联合会住了近两个月,时常去跑马地识庐。跑马地是电车总站,所以到跑马地下车是不会错的,而从跑马地回湾仔,那就不是下早了,就是过了站。现在进大医院去,如没有人陪从,每每就走不出来。对于人、人的名字(历史人物倒还容易记),也是一样的记不住。有的见过几次面,谈过话,同吃过饭,下次见了,一点印象都没有,这也难怪有人说我高傲得目中无人了。对于信徒,问他姓什么,一次、两次,自己觉得不好意思再问了,见面非常熟,就是不知道他姓什么。非要经多次接触,或有什么特殊情况,才会慢慢地记住。门牌、电话,那是从来记不得的。不认识路,不认识人(不要说年龄、生日了),决定了我不会交际,不适于周旋于社交的性格。

　　从小就身体寡薄,生性内向,不会应酬。自卑而又自尊的我,以后当然要受此因缘所局限而发展了。父亲见我是不会生意经的,读书还聪明,所以要我去学医。一九一八年(十三岁)秋天,就开始在一位中医师家里读书,一直到十六岁夏天。我的老师(医师)并没有教我,而只是自己学习。我了解一些医理,但那些纯凭记忆的本草,什么味甘、性温,安神、补元气之类,我实在记不得;记不得,也就失去了兴趣。但什么药能延年,什么药能长生,什么奇经八脉,什么医道通仙,却引起我的兴趣。我默默地将兴趣移到另一面,津津有味地读些《浚性穷渊》、《性命圭旨》、《金华宗旨》、《仙术秘库》、《慧命经》等道书;对《奇门遁甲》也有浓厚的兴趣。有兴趣,却是不好懂。"欲知口诀通玄处,须共神仙仔细论",决定学仙去,但当下被父母发见了。这虽是可笑的,但无意世间一般的倾向,已充分表现出来。

　　父亲见我学仙着了迷,不能让我再这样下去,于是要我到小学里去教书。区立的、教会附设的、私立的小学,从一九二一年(十六岁)下学期起,到一九三〇年(二十五岁)上学期止,整整的八年。对于教小学,我应该是不合格的。我是拘谨而不活泼的;图画、音乐、体操等功课,我是不能胜任的。不能胜任的工作,当然是没有兴趣的。我的兴趣,专心于自己的阅读,但已从丹经、术数,而转到《老子》、《庄子》、《旧约》、《新约》,佛教的经论。我往来于家乡、新仓、袁化——二十几华里之间,在破庙里及商务印书馆,求得了几种佛教的经论,没有任何人指导而全凭自修。一九三一年(二十六岁)到闽南求学,就写了《抉择三时教》《共不共之研究》。一九三二年(二十七岁)上学期,就在闽院讲课,而听讲的,正是我去年的同班同学。这么看起来,五六年来阅读经论,也有些佛学的概略知识了。

前生的业力,幼年的环境,形成了自己的特性。从完整的人生来说,我是缺点太多了的。以知识、能力来说,我是知识的部分发达,而能力是低能的,没有办事能力,更没有组织的能力。从知识、感情、意志来说,我的知识是部分的,但以自己的反省来默察人生,所以多少通达些人情世事,不会专凭自己的当前需要,而以自己的见解为绝对的。我不大批评人,而愿意接受别人的批评。

说到感情,我不知道应用怎样的词句来形容自己。我没有一般人那种爱,爱得舍不了;也不会恨透了人。起初,将心注在书本上;出家后,将身心安顿在三宝中,不觉得有什么感情需要安放。我的同参道友、信众、徒众,来了见了就聚会,去了就离散,都没有什么特殊的感觉。与我较关切的学友,从来是无事不通信,就是一年、几年,也不会写封人情信,但我并没有生疏了的感觉。离了家,就忘了家;离了普陀,就忘了普陀;离了讲堂,就忘了讲堂。如不是有意的回忆,是不会念上心来的;我所记得的,只是当前。我缺乏对人的热情,但也不会冷酷、刻薄。这一个性,情感过分平静,难怪与艺术无缘了。说到意志,极强而又不一定强。属于个人的、单纯的,一经决定(我不会主动地去冒险），是不会顾虑一切艰苦的。我生长河汉交流地区，一出门就得坐船。但我从小晕船，踏上船头，就哇地吐了。坐船，对我实在苦不可言。一九三〇年离家，从上海到天津；又从天津回上海。一九三一年，从上海到厦门；从厦门到福州，又从福州回厦门。一九三二年夏天，又从厦门回上海。轮船在大海中，我是不能饮食，不能行动。吐了一阵，又似睡非睡地迷糊一阵；吐一阵，睡一阵，一直这样地捱到上岸。每次，尤其是三天或四天的航行，比我所生的甚么病都苦痛加倍（我想，这种对我身体的折磨，与出家后身体更虚弱而多病有关）。但觉得有去的必要，毫无顾虑，一九三四年秋季，又从上海到厦门了（下年春再回上海）。身体的苦，在心力的坚强下，我是不觉得太严重的（经济困难，也不会放在心上）。可是，遇到了复杂的困扰的人事，我没有克服的信心与决心。大概地说：身力弱而心力强，感性弱而智性强，记性弱而悟性强，执行力弱而理解力强——依佛法来说，我是"智增上"的。这一特性，从小就形成了，我就是这样的人。然而，在来台湾以前，我不能认识自己。我的学友——演培、妙钦、续明们，也不能认识我，不免对我存有过高的希望。来台的长老法师们，也不认识我，否则也不用那么紧张了。我所缺少的太多了，能有什么作为呢？对佛教只有惭愧，对学友们只留下深深的歉意！

二六　最后的篇章

我如一片落叶，在水面上流着，只是随因缘流去。流到尽头,就会慢慢地沉下去。人的一生,如一个故事,一部小说,到了应有的事已经有了,可能发生的事也发生了,到了没有什么可说可写,再说再写如画蛇添足,那就应该搁笔了。幼年业缘所决定,出家来因缘所发展,到现在(应该是一九六三年——五十八岁就因缘已了)还有什么可写可说呢!最后可能写的,不过是这样的一则:

　　×××年,×××××××出版。

　　最后一定会补上一笔的,是:

　　×××年×月×日,无声无息地死了。

二　杂华杂记

一　《华严经》

　　《华严经》的汉译,有东晋佛陀跋陀罗的六十卷本,唐实叉难陀的八十卷本。此外,抽译一部分的还多,像唐般若的四十《华严》,就是最后一品的别译。本经的卷帙很多,其中最流行的部分,要算《十地品》与《入法界品》。原来这两品,一直到后代,还是单独地在佛教界流行。它的价值,在古代印度学者的眼光中,也特别受到尊重。如唯识学者成立唯识,宁可引述《十地经》的"三界一心作",不引更明显的"心如工画师",或"应观法界性,一切唯心造",这是值得注意的。无厌足王等传记,也引用了。世亲改宗大乘,首先就解释《十地经》。再向前看,龙树有《十住毗婆沙论》,是《十地经》的解释。在龙树《大智度论》里,提到《十住经》与《渐备经》,这是《十地品》;《不可思议解脱经》,是《入法界品》。其他的部分,就没有明白引证的痕迹。可见这两种不但是最流行的,还是最古型的。论理,十住在先,十地在后,十地应该比十住深。但是《华严经》的《十住品》,比《十

地品》要圆融得多,唯心的思想也成熟得多。古人说:《十住品》
是圆教,《十地品》是别教为主的。诸佛劝八地菩萨不要偏证性
空,还是借别明通呢! 这浅深倒置的事实,除了《十地品》先出
现而外,还有什么可说的! 释尊最初不说法,这是佛教界共知的
事实。古哲对于这一点,有一种崇高的玄境;华严思想,就从这
一毛孔中大放光明。《十地经》的成佛七日,不就是说明这一
点! 这可说是《华严》之本。在龙树的解说中,七地菩萨入寂
灭,初地入毕竟是利根,文句也不一定是十个十个的。这与现在
的《十地经》有多少差别;《十地经》的初型,还是第二时佛教的
圣典呢!《入法界品》,龙树论叫它做《不可思议解脱经》。佛陀
在祇园,当时已有舍利弗在场,这可见本经与初说《华严》的意
趣不同。古人也就因之判为圆而兼别,把说法的时间降迟。善
财见休舍优婆夷的故事,龙树引证中有一百二十五位数目,但现
存的《华严》已别立一品而分离了。《入法界品》所辨的菩萨行
位,不是十一,就是十二,从发心到灌顶,与十住的名义相同。灌
顶地以后,就是普贤地。所叙的行位也还简单,不像四十二位、
五十二位那样地重复。它本来是独立的,后来被人编在大部中。
古人说"随类收经",确含有一分真理。在大乘教流行以后,有
人把思想类似的编集成大部,这应该是合于历史的。但在编集
以前的传布中,《十地》与《入法界品》是更古型、更有价值而为
当时盛行的。

二　不思议解脱·入法界·普贤行愿

　　《华严经》的最后一品,有三种名称:一、龙树的《智论》,称

之为《不可思议解脱经》,这是表示与一般声闻乘不同,从入世无碍的作用上说。声闻者以为世间的生死是系缚,出世的涅槃是解脱,截然不同。解脱非摆脱一切不可,要从厌苦离欲中得来。大乘解脱,恰好针对这一点,所以说生死是如幻性空的;空所以是本来寂静、自性涅槃。既然一切法性空而本性解脱的,那就无所谓系缚,系缚是自讨苦吃。这样,在体悟性空如幻的圣者,固然触处无碍,不妨入世度众生,就是初学者,也不妨在世间事业的进修上,达到解脱,用不着厌离世间去隐遁山林,急求不受后有的解脱。生死与涅槃的藩篱,就此打通;大乘的积极入世精神,也从此确立。本品的善知识,各有一种解脱门(一部分叫般若的,叫三昧的,叫陀罗尼的,其实都是解脱法门)。在自行化他上,活泼泼的自由自在。这在声闻的解脱论看来,实在不可思议!

晋译与唐译,都标名《入法界品》,这是从悟境上说。法界是什么? 依古人的解说,界有类与因二义。类是普遍的类性,类性可以有种种,但最高无上的类性,是一味平等的空寂性。因是生起的所依性,有人从事相方面说,界是种子;有人从理性方面说,界是缘生法所依的必然法则。大乘中除了种子以外,把这两个意义统一了。一味平等的空寂性,是一切法的普遍理性,也是一切法的所依性。所以一方面,"因缘所生法,我说即是空","即是寂灭性";一方面又是"以有空义故,一切法得成"。同时,众生觉了法界,有清净的圣道生起,所以又说法界是圣法的因,这是大乘法界的本义。后来,有人从圣法所依因的见解,羼入了种子能生性的见地,于是乎平等法界,有能生净法的净能了,但这是种子思想盛行以后的事。本品的法界，是大乘本义的。法界一味平等，没有差别可说，一直到善财在普贤道场中，也还是说在平等法界中，修习普贤行愿。悟入法界，不可以说有种种，但从能依性、差别性的如幻相说，不妨分为次第三法界，这是一般佛弟子的共同体验。第一、观缘起是性空的，到悟入平等法界的时候，幻相都不现了。第二、在不碍性空中幻相现前，但又侧重幻相了。《十地品》说八地得无生忍，如来劝他出定，这才现起如幻三昧，就是这两个阶段。第三、空寂与幻现，达到最彻底与最均衡，这是究竟的佛境了。虽可以分为三阶，法界的平等无差别，还是不容分划。善财再见文殊，进入普门城的时候，是悟入平等法界。到见普贤时，那又进入第二阶段，从空出假，修严土化生的普贤行了。

四十《华严》，叫做《普贤行愿品》，这是从利他得名。愿是志愿，行是实行，大乘的行愿，也与声闻不同。声闻是不讳言自利的，他们的目的在逮得己利，所以是己利行（独善）。大乘呢，不但自利，还要利他；这自他兼济的菩萨行，叫普贤行。普是平等的，普遍的，所以大乘的普贤行，不但是质的，还是量的。一切众生成佛，才是普贤行的究竟。论起来，普贤行是彻始彻终的大乘行，但初学菩萨还不够普贤；行愿二字又不大适用于究竟佛果。所以本品的普贤行、普贤地、普贤道场，特别是指从空寂起幻相，广行菩萨行说的。虽这么说，未入普贤地以前的菩萨行愿，也不出普贤行愿以外。究竟佛果，又只是普贤行愿的究竟圆满。所以本品说了普贤行愿，从因圆显果满，不再谈佛果了。

三　青年佛教

　　据古人说:在佛灭一百年的时候,恒河两岸的佛教发生了重大的纠纷。毗舍离为中心的东方系,多是青年大众,后来成立了大众部。波利为中心的西方系,多是耆年上座,后来成立了上座部。这二部的分化,就是出家上座的声闻佛教与青年大众的菩萨佛教的前身。少壮与耆年的对立,是佛教的史实。青年在家佛教的活跃,在本品中有很好的反映。大乘精神的推动者——文殊师利,是童子。本品的中心人物,是善财童子。文殊所教化的,有福城的五百童子、童女,有"出家未久"的六千比丘。善财所参访的善知识,有慈行童女(五百童女侍从)、自在主童子(十千童子弟子)、善知众艺童子、德生童子与有德童女。此外,有"我年既少,出家又近"的善见比丘(比丘信大乘,多是初学的,这是非常明白而值得注意的);有"盛年好色"的自在优婆夷;有"父母守护"的不动优婆夷。除了这些以外,不论是长者、居士、医生、法官,在善财所参访的善知识中,没有一个是衰老的。这不能不引起我们的注意,我所以称之为青年佛教与佛教青年。

　　青年是典型的人生吧!耶稣与老子都赞美过婴儿,孟子也说不失赤子之心。佛教也赞美童年,不单赞他的真诚纯洁,特别注重他的慈和,内心有无限光明的憧憬,能不惜一切为真理而追求。童年是圣洁的;在大乘中,菩萨离去烦恼,使内心洁净无疵,像童子那一颗无邪的心就叫做童子地。童年是率真的,笑得真,哭得真,这里面没有虚伪。人生的意义在此,离了这一点,人生真是值得诅咒了！菩萨的为人为己，也永远是真诚的。童年在父母兄弟小朋友间是何等慈和？菩萨也是柔和慈悲的。童年是生力横溢的健康，菩萨都是容光焕发，雄伟而相好庄严的。童年的心中，一切是光明的，喜乐的；他什么都要，他要学习一切。除了病，他不知道疲倦，也没有满足。这一切，充分表现了菩萨精神，善财是一位模范人物。不过，佛教童年是透过了声闻耆年的，可以说是童心的复活，童心的永存。所以青年佛教的理想中，菩萨不是不识不知的幼稚园，是把冷静究理的智慧与热诚济世的悲心，在一往无前的雄健上统一起来，他是情智综合的。他透过了理智，所以他的修学是向上的，深入人间而不为物欲所诱惑的；有良师益友引导的；能强毅坚忍而站稳了足跟的；有崇高的理想而贡献身心的；这与一般童子的毫无把握不同。青年佛教所表现的佛教青年，是在真诚、柔和而生力充溢的青年情意中，融合了老人的人生的宝贵经验。这与少欲知足，厌离人间，生活谨严，为生死而痛怅的耆年佛教，是怎样的不同！不过，青年是象征的，在他的见解行动的是否青年，不是生理的名词，这一点是千万不可误会的！

四　青年佛教的出现与南行

大乘佛教的出现，与佛陀行果的赞仰有关。佛果究竟如何，菩萨行如何，从此去探发，大乘佛教的面目就渐渐地揭开了。本经说得好："咸作是念：如来行，如来智境界，……无能知，无能为人如实宣说。"这是说大家不知道。接着说："除佛持力，自在力,威神力,如来本愿力;过去善根力,亲近善知识力,清净信心方便力,乐求胜法力,清净正直菩提心力,深心一切智愿力。"这是举出办法来了。这唯有一方面依佛陀悲愿的力量,一方面靠佛弟子自身的努力,除了亲近善友,要求更好的法门而外,特别是对于菩提一切智的信愿。大乘佛教,在大众这样的思惟探索下出现了。平常的祇园,忽然成为宝林宝阁。这众宝庄严的祇园楼阁,是象征大乘佛教的,象征佛陀行果的。经上记载的来会菩萨,是这样认识;古人也这样说。所以我的解说:大乘佛教,是佛教大众凭借了声闻佛教传下的佛陀遗教与景行,在赞仰企求佛陀行果的要求下出现。这一个事实,就表现在这样的圣典中。大乘佛教出现了,己利为重的声闻耆年是不加问闻的。文殊的南方游化,善财的到南方去参学,表示了佛教向南方发展的一个重要史实。南方就是南方,用不着附会,这可以拿印度佛教的史实来印证的。大众学者的最初分化,中心地带是毗舍离,他们自以为是释尊的老乡。实在是恒河东岸的一团,迦毗罗、拘尸那都是。这像波利比丘的代表西方,统摄了拘睒弥、摩偷罗等一样。这东方的大众系,渐渐地东南移到央伽罗,传说已有大乘经了。又渐渐地传到南印度的摩醯沙漫陀罗;后来大案达罗、小案达罗,永远是大众系的化区,也就是大乘佛教盛行的地方。本经从舍卫国出发,这当然因舍卫是释迦的主要教化区,不能说是大乘佛教的最初出发点。依大乘经的记载,除了东南海岸及王舍城而外,宣说大乘经的地点,十分之九与舍卫、拘尸那、雪山、毗舍离有关。所以,文殊师利的从舍卫出发到南方游化,与史实恰好相合。至于善财到南方参学,这已表示南方大乘佛教的隆盛了。

这与阿育王以后,佛教到达南方,与南印民族同时隆盛,也恰好相合。但是善财的不断南行,结果却到了摩竭陀,这不能不说是奇迹。佛灭四百年代,大乘佛教跟着案达罗王朝,回到了摩竭陀,这或者是说破这一点吧!虽这么说,善财的游踪,宜乎大体上看,不能太拘滞的。到摩竭陀,这要从修学的见地去解说(见佛)才适当。

五　文殊·普贤·释迦

文殊、普贤二大士,在本经里,是助佛扬化的上首,所以古人称之为"胁侍"。大乘佛教的真面目,也就寄托在二大士的言行中表现出来。大智文殊,大行普贤,这在中国,连小沙弥都熟背了的。二位是否历史人物,或者实有其人而成为箭垛式的人物,或是道德的人格化,这都不在讨论之内。依古人的解说,佛菩萨都是依德立名的,那么我们应该考察二大士的德性。但菩萨的德性,不单是某一项的,说如此如彼,不过从他的特点来说。大智文殊,大行普贤,是对的,但还需要说明。文殊表示智慧(侧重在现空无碍的正观),但也表示信。经上说文殊是三世一切佛的老师,像善财的发菩提心学佛,也是文殊劝发的。清净的诚挚的向上心,是信的本质。信心内在的活跃,达到确立信念,是劝发信心的真义。依佛教的解说,信与智有一共同点:信是向上的,智是求真的;信是清净的,智是明了的。所以信智常是合说的,像信解、信可,特别是信佛、法、僧、戒的四证信,就是见道的证智。佛教的信智不离,信离不了智慧,离了就是迷信;智也离不了信，离了就会走上邪见，落在怀疑、诡辩、颓废、残酷的深渊。信智虽是合一的，却不妨说先信后智。最初发菩提心，是信解的信，善财初见的文殊代表它；发了信根以后，进一步求解，像善财的参访善知识；到后来，得到证实的智慧（这智慧，就是悟不由他的证信）。善财在普门城再见文殊，就是这信念与理智合一的大智。

再说普贤，他表示行（侧重在自他兼济的大行），但也表示愿。普贤行愿一句，就很可明白了。不问是上成佛道，下化众生，愿总是一种崇高的理想意欲，行是伟大的实践。这两者也有一致性，愿是内发的动力，行是意志的实现。合一也不妨先愿后行：从意志的决定，到见于实际；从渐渐的实行，到完全实行的大愿满足。这像善财的愿学普贤行，到面见普贤，普贤就代表这理想与实行合一的大行。

文殊的大智，普贤的大行，各得佛陀的一体，而实不相离而相成的。甚深智为方便，广行自他兼济行，叫摄导万行。因了万行的修集，使智慧更明净，叫庄严般若。知所以能行，行所以能知，愈知愈行，达到知行的合一，而且究竟，释迦的大雄表示它。佛陀，从知一方面说，可以叫正遍知（正等觉）；从行一方面说，可以叫大慈悲；或者综合的叫明行足、两足尊。但这只是究竟的智行，离了文殊、普贤的德性，就难于说明。所以只要依因位的大智大行，显出他的究竟性就得了。佛陀的究竟、无上、无限、无碍性，如果要表现它，那就是力、无畏、不共；是人师子、象王；是世尊、无上士、法王；他的智是金刚的，行是坚固（首楞严的意思）的。超胜一切的大雄，不单是赞叹，是大乘的真义，佛陀的精髓。

六　善知识·菩提心

《不可思议解脱经》中,关于发菩提心,亲近善知识,大有百说不厌的意味,这是值得重视的。不亲近善知识,就没有正确的知见;不发菩提心,就没有立定成佛的志愿。这在大乘佛道上说,再也不能走上成佛的路。这两者何等重要?本经的一再赞叹,确是有它的深意。原来,印度人重口口传授,一直到后代还如此。佛世,经律都是口说的,在口授的局面下,师长也就特别受到尊敬。所以传说有为了一偈一句,不惜贡献所有的一切,甚至生命作代价的。这可以想见求法之难,也可见尊师重道的精神。此外,世间的技艺,老于此道者,也还有许多心得创见,何况佛法?一得名师的传授,确是"逢君一夕话,胜读十年书"!善知识是可以尊敬,也应该尊敬。但他之所以应该尊敬,因为他不单是知识而是善知识;因为他在理解与行证上,确是能不违佛法而能弘通的,否则就没有尊重的价值。学者方面,自然要有愿意牺牲一切的精神。在师长方面,既然是善的,除了特种原因,总是欢喜学者诚挚的敬意,依法修行,不在金银玉帛上着想。我觉得,善财遍参大善知识,没有送过礼,善知识也没有要求他贡献什么。这样的尊敬善知识,大家在道上会,是非常正确的!但因了善知识的尊敬赞叹,到后来演出依人不依法的怪现象!在文字普遍应用的今日,还有执着印度几千年前的老习惯,佛法非从老师的口里听来不可。并且,供养上师,以多为妙,非多少供养一点,没有学法的资格。这实在大失赞叹善知识的初意了!

　　论到发菩提心，大有浅深。浅一点说，是学佛的动机，是坚定不拔的成佛信念。经中所特别注重的，也是初发心的安住菩提心。菩提是大乘学者的目标；发菩提心，是为了菩提而发动前进，也可说菩提在最初动。这样，长期地修学普贤行愿，也可说是菩提的一天天实现。但因了菩提心功德的赞叹，流出极端的真常（菩提本有）论。假如说，没有第一天入学，就没有继续求学，就没有小学、中学、大学的毕业，就不能养成高深的学问：这话并不错。就是在入学这一天，举行预祝、欢宴，也不算太糜费。但如果就此说，高深的学问，大学、中、小学的毕业，都依第一天入学而存在；在入学的那一天中，已具体而微地完成，以后不过是本有的渐渐发现，这就与事实不合。菩提心的真常化（经义还有可以解说的），就是把发菩提心，看为真常平等无上大菩提的初现，否定它从多闻熏习中生，这又不是本经赞叹菩提心的本意了！

七　百一十善知识

　　善财参访的善知识，到有德姊弟那里，已经说参访一百十善知识了。此后，又见弥勒，晋译还是说一百十城，一百十善知识；唐译却译为百十余。再见文殊，文殊伸手过百十由旬。从这些上看，可见百一十，是表示某种意义，并不是实数。古人硬要配成百十位，说什么自分、胜进，实在毫无意义！百十城、百十善知识、百十由旬，这是善财修学的过程。最合理的解说，是十一地的地地具足十数。在本经中，海幢比丘章、师子嚬呻比丘尼章，都说到发心到灌顶的十地。发心前有信解地;灌顶地以后,有金刚萨埵的普贤地。法宝髻长者章,也有五地到佛地的阶位。所以,善财原是有了大乘信解的,初见文殊是发心地;以后问菩萨行;见弥勒是灌顶地;再见文殊入普贤道场,这是普贤地了。灌顶地以前有十一地,所以说百十善知识,这可说是适当的解说了!这样,古人在弥勒以前,把善知识与十住、十行、十向、十地配合,不合本经的思想。再说,善知识有几人?据我看,善知识焉有一定?这不过举出代表人物而已。但从安住地神到天主光王女,一共十三位,似乎是后人羼入的。理由是:善财不断地南行,南行;到见安住地神,忽然转到北方的摩竭陀,以后不再说南行;到了坚固解脱长者,又一直南行,南行。这在文章的体裁来看,显然是间杂在中的。并且,这十三位都广谈过去的本生,长行以外有偈颂,神化的色彩特别浓厚,又都是女神:所以我在《青年佛教》中,把它略去了。这些善知识,虽是经过十一地,但也不必强配。把它与名为"小不可思议解脱"的《净名经》对读,却很有意义。《净名经》的三十一位菩萨,用言语说明不二法门;文殊用不可言说说明它;净名不用言语,直接地表示离言的不二门。本经是入法界:弥勒以前,可说是各入普贤行愿的一端(依善知识说),所以善知识都说自己只知道这些,别的不知道。弥勒是因圆,见文殊入普贤道场就不再自谦了。善知识自行化他的方法,除了初三位比丘,表示为三宝、三学以外,其他大抵是入世的解脱门。一面即俗而真的自入法界,一面即真而俗的入世利生。譬如医师,他确是执行医师的业务,从这一点看,他是入世的。他从医身病谈到医心病,使人解脱痛苦,从这点看,他又是导人出世的。自己不偏在入世,不偏在出世,在医药化生中,得到解脱无碍,就是不思议解脱。大乘的真谛,在立足在出世上广利众生,众生就在世间的事业上直入解脱。这是释尊成佛的本怀,只为时代根性的不能领受,才不得不宣说摆脱入世的出世法(二乘),或者经过了出世,再使他走上利他(回小归大)。像善财童子所表现的佛教,是从人本位而直入佛道的,这就是人间佛教。虽然经中也有鬼神(想在别处详谈,从略),但善财参访的善知识都是人;就是十三女神,也还像人,与后期佛教不同。人间佛教,青年佛教,本经永远在启示我们!

八　住·普·幻·庄严

现在,再谈几个特殊的名词:

一、住:本经的善知识与住处,有很多叫住的。像文殊的善住楼阁,解脱长者的住林国,自在优婆夷的海住城,不动优婆夷的安住城,善住比丘,安住长者,安住地神。倾向真常论者的,又故意多译了常住菩萨,常住如来。住是什么? 住是安定不动。像善住楼阁,是菩提心的坚定不退失。住林国,是在烦恼稠林中体悟性净(海住城不明)。安住城,是菩提心的坚固不动。善住比丘,是住在毕竟空中。安住长者,是三世佛的不入涅槃。虽有这种种,主意在三世演变中的不变,三世的统一。一切缘起法,因果生灭,没有一刹那的暂住,但前后还有一贯的相续性,这是一义。缘起的空性,本来如此,可以说从来不变,有佛无佛平等。所以能与空相应的,或证入的,也就获得一种超时间的现觉(定

境有与此近似的）。菩提是不碍性空的缘起法,分析它内在的
质素,有见空理、悯众苦、愿求佛果三义。大乘法的特色,是一切
法趣空,所以住菩提心与善住性空相融合。到极端,流出菩提本
有的真常论。其实,性空是常住;缘起是如幻的生灭,只可说相
续中的安定,不能说发心与修行一切都是真常的。文殊菩萨的
特色,在劝发菩提心,智证性空理,所以也可说住是文殊学的
核心。

　　二、普:普贤菩萨,普门城,普贤道场,普庄严园,普眼城的普
眼长者。此外,法门以普为名的,像《普照法界经》,《普眼经》,
普眼舍得法门等,不知有多少! 这实在是本经的心要。菩萨发
心,为了普见一切佛,普闻一切法,普度一切众生,普庄严一切国
土……在菩萨所行的法门中,一切都广大到其大无外。同时,世
界是不知边际,时间是无有始终,众生是没有数量,这一切是无
限的无限。这缘起事实的无限,与菩萨心行的无限,统一在一普
字上。普是什么? 是一切法的类性(法界),又是一切法的统
一。它不是假定一至大者高高在上,也不是分析出至小者深深
在内。它是随便在那一点,观察它向外的延扩,延扩到无限的无
限,达到无限大;也向内观察它的含容,含容到无限的无限,达到
无限小。把这综合起来,达到外延与内含的一致;无限大与无限
小的一致;构成佛与众生、依报与正报、大与小、内与外的相摄相
入,成为著名的华严玄境(一切即一,一即一切)。这普门境界,
可以提高人类的理想,有无限的哲学,就应有无限的人生观。把
自己没入无限的生命中,憧憬无限的存在,无限的真、美、善,为
无限的前进努力。无限圆满的信仰者,必有无限的精神,善财就

是一个榜样。很可惜！一般圆融论者,早已遗忘这圆满的第一义了！从本经去看,普之所以为普,不论在理论上,在行证上,原理在一切空。空是遍一切一味的,空才能空灵无碍。善财的进入普贤道场,不是因为文殊智的证入吗？但文殊是引发者,普法界的实践开显者是普贤,所以普是普贤学的核心。

三、幻:幻是譬喻,用来说明一切法的似有而无实的。这里面,有非常重要的现实问题。一般人,在显现的一切上,觉得它是真实的。等到暴露了虚妄性,那又想象内在的真实,或超越的真实,把真实作为显现的根本。世间的上帝,梵天,唯心,唯物,……这一切,无非是觉得显现事物的内在或背后,有一大实在,这就永不见真理。佛法中,从因果缘起中体现一切空,空是缘起的真实,达到现与实的无碍。现是如幻的相有,实是如幻的性空,这一点佛法与世间学术分流。虽然佛教中也有真常论,但是可以一目了然的。一切如幻,从缘生,一切性空,这是佛法。如果说,有一非幻不灭的,非因缘生的,真实(依常识说无妨)不空的,那就离宗了！本经在解脱长者章见佛时,佛母摩耶章、弥勒章观楼阁时,普贤章赞佛时,都论到身心如幻,佛果如幻,一切是如幻性空的缘起。佛的真实是毕竟空寂,一切不可说;如幻如梦的影现,是清净妙法身。佛的真实,是幻空的不可见、不可说;可见可说是幻现。幻是一切法的真相,佛是创说者,也是圆满的体现者;他的一切大用,就是随机幻现。所以幻的现实,可以作为佛的核心。这像安住不动,是竖穷三际的文殊信智;普入无碍,是横遍十方的普贤行愿;幻化现实,是深彻诸法的释迦体用了！

　　四、庄严：住、普、幻三者的融化，成为一大庄严，表征大乘佛教的特色。所以本经也就称为《华严经》。本经所载的地方，不论是山林、园苑、楼阁、城邑，甚至虚空；所记的人，也不论是童子、童女、长者、优婆夷，除非简略不说，说就一律是非常庄严的。声闻佛教中，有清凉、质朴、宽大、坚实，却少有微妙庄严。但大乘，就是声闻教中的佛菩萨，也就相好端严了！所以说，庄严是大乘精神的特征。本经所说的庄严，像音乐、光明、珍宝、香、花、影像、宝玉像与网、帐、拂、盖、幢、旛……处处可见，把一切的一切庄严了。这艺术的美，我们要用艺术的眼光去品鉴它。这美化的意境，可以要求它在人间实现，却不能愚昧地固执。同时经中的描写，要把它当成一种表象的符号，了解它更深刻的本意。本经所说的庄严，我觉得在众生界（人）与无情的自然界，心与色（物），幻现与空实，智见与德行上，都表达了和谐、平等、清净与尊贵。它不像中国的重自然美，西洋的重人物美，各流一端，而是自然与人类的合一。它描写山、林、园、池，更描写人类的相好，灿烂而热闹的庄严，在清净的恬澹中。常人理想中神世界的壮美，现在把它描写为人间佛菩萨的世界。它重重涉入的纤巧，却又广大崇高的宏伟。它不是直望平面的，不是鸟瞰的，更不是着眼在一隅。它是自己站在宇宙中心，团团地看到一切，可说是立体的。从地面一直写到云空，从此地一直普遍到十方，使人觉得面面充实，事事平等。它用珍奇、伟大、高广，表现它的尊贵气魄，尊贵不是少数人的专有物，是人类的健美，自然的瑰奇，意志的强毅，德业的光辉！厌世者的贫乏，在这里是自惭形秽了（智德的和谐等，经中明白的表现，可以类知）！

三　华雨集

一　与佛有缘

　　民国五年八月,孙中山先生偕胡汉民等乘舰察看定海海防,因便至普陀。下午三时余,登佛顶山,放眼于山海之际,心胸为之泠然。次进向慧济寺,于门前见梵僧与牌坊之瑞。还普济寺,为寺主了余述之,因作《普陀志奇》以纪之,有"余素无神奇思想,不知是何灵境"之句,并亲书一纸,留镇山门。廿三年夏,其文始显于世。时谭君云山新自印度回,来山礼大士,因语及此事。谭君谓孙公曾书"与佛有缘"小额,持赠道阶法师,殆与此事有关。戴孝园院长拟以此四字,影印放大,赠天下丛林。惜求之北平广济寺不得,南岳祝圣寺又不得! 阶老已示寂南洋,此有光佛门之墨宝,殆将不复再见矣!

二　陀螺与陀罗尼

　　陀螺为儿童玩物,圆形,或圆柱形,中贯以轴心。旋之,抽之，或以带而旁击之，旋转不已，能保持力之均衡而不致倾倒。唐译《大毗婆沙论》（卷七）云："如舞独乐，缓见来去，急则不见。"凉译（卷三）则作："犹如小儿舞于独乐，旋速则见如住，旋迟则见来去。"独乐，显见为陀螺之异译；从可知陀螺乃来自印度者。陀罗，梵语应为 dhara，意译为"持"。轴心能保持力之均衡而不失坠，乃名为陀罗耳。佛法之核心为法 Dharma，大乘之不共为陀罗尼 Dhāranī（《智度论》），并以 dhṛ 字根而成。大乘之所以特重陀罗尼者，以即万化而深入无二之法性（不变之真性，合于持义，此犹为大小共通之"法"义），又即万化之纷纭，得其中心而摄持无遗（此乃大乘特质）。"无不从此法界流，无不还归此法界。"摄持万化于一极，为大乘特有之倾向，亦即陀罗尼独到之本义。末流偏于咒语，非其本也。

三　香　板

禅堂有巡香者，手执香板，巡历禅堂，见有昏沉者，辄以香板拍其肩背，拍然作响，用以警觉禅者之昏沉，而受者固未尝痛也。佛世比丘坐禅而多昏沉，初唤之，或牵其衣，次乃作"禅杖"，后改为"禅镇"，复制为"禅板"。中国习禅者，燃香以计时刻，因名坐禅曰坐香，禅板为香板。晚近丛林，以香板高供客堂中，遇犯规律者则击之，失警策昏沉之善意，演变为扑作教刑之杖。去佛时遥，失真弥远，不知吾佛教化从无体刑者也。

四 缓与急

胡适论为学主缓,傅君作"缓不济急"以评之,以其为同于佛法之缓也。然佛法论缓论急,原不如此。菩萨修行三大僧祇而成佛,是缓;三生圆证,即生取办,岂非是急! 实则小积功行则小就,大积功力则大成。学佛自宜期心远大,何可急功近利以求速成! 故说之似缓,然是但事耕耘不问收获之意。确定目标,但放手行去,功到自成。一着急,则鲜不落于魔道者。不着急,非懈怠放逸,恰是大勇精进。精进非着急,佛说如操琴,弦宽则声弛,弦急则声促,不急不缓,而精进乃成。故知学佛正行,不着急,不松懈,确树宗极,直趣之而已。然为学之初,允宜缓急互相助成,互补其偏失以成中道。佛说犹如骑马,马首偏左则牵之使右,偏右则牵之使左,如不左不右,则纵之骞直行去耳。今之学者,偏缓偏急,宜乎思潮世道,并纠结而难可爬梳。

五 道无不在

姚兴王关中,法化之盛,先来未有。独怪其逼罗什以女伎,别处官廨! 什译《大品》之初日,兴莅逍遥园助译,作《因果论》以示群臣。兴固有得于佛法者,奈何强罗什以非法? 观其诏道恒、道标改服,乃知兴之信解,在大乘兼济也。彼以为:"独善之美,不如兼济之功;自守之节,未若拯物之大。"评子陵、君平等之隐遁为:"此皆偏尚耿介之士耳,何足以关语嘿之要!"于在家出家,则曰:"苟心存道味,宁系黑白?""然道无不在,苟废其寻道之心,亦何必须尔也。"是知诏恒、标之改服,乃"释罗汉之服,寻菩萨之踪",不可以罢道视之。此所以不满僧䂮等之代求,而示以政教之相须:"法师等虽潜心法门,亦毗世宣教。纵不能导物化时,(亦当)勉人为治。而远美辞世之许由,近高散发于谢敷!若九河横流,人尽为鱼,法师等虽毗世宣教,亦安施乎?"兴独与罗什书,希什公有以劝恒、标,兴与什公间必有心心相印者。姚秦亡而性空之统不绝若缕;石氏衰而道安辈栖遑靡托;侯景乱而真谛不果宣述;五代乱而台贤之章疏尽失。反之,有南朝之偏安而南土佛教盛;有隋唐之强盛而大乘极其致;有吴越之安而天台复兴。从救世言,从护法言,姚兴实不为无见!

六　龙蛇混杂

无著文喜禅师,北朝五台山,求见文殊,遇老翁而不能识之。文喜谓:南方"末法僧尼,少修戒律"。老翁(文殊)告以:此间"龙蛇混杂,凡圣交参"。佛于声闻教中,以律摄僧,渐学渐深,犹如大海。"大海不宿死尸",纪律何其严格!大乘以宽容成其广大,涵盖一切,自属气象万千!然龙蛇混杂,僧团何由严净?大乘兴而律制弛,其类于禅宗盛而义学衰欤!世谛流布,固无绝对之利,是在弘法者以时推移,导归中正耳!

七　燃　顶

我国传戒,于顶燃香,故"香疤"(或称戒疤)显然,世每以此而别僧之真伪。此实始于中国，非佛教旧制。说者谓此以表舍身供养之诚，如药王燃臂、剜肉为灯之类。然偏燃于顶，应与灌顶有关。印度旧俗，凡国王登位，必取海水以灌其顶。大乘约此喻以表法，故十住名灌顶住；菩萨证入真如（与佛同证），十方诸佛流光以灌其顶。迨秘密教兴，乃行灌顶之法（以表立于佛种中）。其法虽不一，而瓶水灌顶，实得名灌顶之本义也。昔以色列人，凡祭师立王，必以膏油而灌其顶，以表神意之冥加。此与印度，特水与油之异耳。传说五旬节时，圣灵下降，如火焰而分落于众人之首。此与佛之流光灌顶意趣近同。耶稣初从约翰受浸礼，乃浸入水中以表净罪恶。此与印度之水净外道，以水浴表清净相合。然后之基督教，则改用洗礼（有仍用旧制之浸礼会），以水洒信仰者之顶。此实融圣灵灌顶与水净而为一，以表净罪恶而蒙神恩。据此宗教仪式与意境之类同，故吾以为：灌顶之礼，唐宋间盛行。传戒者于顶燃香，应是融灌顶与燃身而为一，用表舍身供养，住佛种性，蒙佛光耀之义。习行之既久，乃莫知取义而仅以别僧俗。虽然，依释尊律制，于顶燃香，实非法而不可为训。

八 人之自觉

今日西方，受希伯来宗教意识影响者，以神为能造者，万物为被造者，人为由于神之意志而存在，缺乏自主性。故在宗教中，不由人类自己之行为价值，而唯信神乃可以得救。人在仰天俯地之间，不过神之奴仆，遵循神之意思，此外更无意义。原始人类之自卑,有如此。在中国,则人类之地位渐高,自尊心日强。天(神·理·心)与地(祇·事·物)并立,而人为孕育于天地而生者。人于万物中,得天地之全,故人能参天地之造化,赞天地之化育,与天地并列为三才。不特此也,"天地无心而成化","圣人与万物同忧",且进而能尽人之才性以补天地之缺。以印度文化论,由原始之神造说,而达于人与梵(神)为一体。着重自身,故神之创造,实即吾人自身之开展为世界。易言之,天地万物(除有生物),要皆为人类——一切众生自体之显现。故宇宙间,非神与被造者,非天地人三者,而为"我与世间"二类,人类之自觉自尊达于高潮。佛教则直从人类——一切众生本位以观世间,脱尽创造神话。神亦众生之一,由于迷乱不觉,妄自夸大以为能造万物耳。人之自视最高,而一切众生皆有佛性,则视他极平等。天地之缺陷,本为众生自身之缺陷,吾人唯从悲智正行以净化之,神何能为!

九　玄睿与珍海

日本之三论作家,莫如玄睿与珍海。玄睿作《三论大义钞》,于空有之辨,颇致殷勤,持论精而引证翔实,不可不读之书也。然以《解深密经》为密意说一乘,殊失嘉祥大师之旨。珍海检文甚勤,著述颇多,甚便初学。然引地论师净影慧远为宗祖,窃其学以张大己宗,而三论弥失其特色。非驴非马,误之甚矣!

一〇　禅宗第七祖

佛学重师承，而法派旁正之诤，至中国而始烈。达摩创开禅宗，五传至黄梅，门下出慧能、神秀，因有南顿北渐之诤。六祖慧能门下，所争尤甚！晚唐以来，公认六祖之道，以南岳怀让、青原行思为得法正宗。圭峰传神会之禅，故所作《禅源诸诠集都序》，以为得六祖之道者，乃荷泽神会，神会为七祖。神会于玄宗时，首莅京洛，定禅门宗旨，而后北人知黄梅之道在卢行者。六祖门人之能光大法门于京洛者，以神会为第一人。然此亦如初传五祖之道于京洛者为神秀耳，非即神会独得正法也。南岳下出马祖道一，青原下出石头希迁。"马踏杀"，"石头路滑"，而后南方之禅风乃震撼天下，流衍为五家七宗。神会之传，傍教以行，转无闻焉，则亦如神会之掩盖北宗耳，未必南岳、青原独得六祖之道。传有无住者，乃六祖再传弟子，自谓得迦叶传来之金缕袈裟。弘法巴蜀，信衣现存云。故知六祖之徒，分化各方，固莫不自以为独得大鉴之道。后人专以南岳、青原为得法正宗，或专推荷泽神会，俱未见其当也！

一一　耶稣到西藏

藏典有名格萨加利塔者，谓耶稣二十岁前，曾赴印度求学，肄业于那烂陀寺。时藏王遣使来摩竭陀，聘佛教大师去西藏，众属意耶稣，耶稣乃应聘入藏。弘法三年，奠定藏地佛教之基。乃去故国,以大乘教犹太人,因有基督教云。此盖以莲花生入藏,弘法三年,西行不知所往之事实,附会耶稣幼年去埃及事,乃成耶稣入藏之怪说。耶稣生于汉哀帝建平,被杀于光武帝建武年;而莲花生入藏,远在七百年后之唐世。原作者之附会,殊可惊!此与老子入胡化佛之妄说,可谓无独有偶者也!

一二　佛灭无大师

　　释迦佛在世,称十力大师,为学众所依归。然释尊以法摄众,初不以统摄之特权者自居。故曰:"吾不摄受众,亦无所教诫。"盖勉学者能依法不依人,自依止,法依止,自尊自律,依法律而行也。佛灭,释沙门尊上座而重大众,德学集团会议而主僧事,和乐为法,法门乃日以光大。有问阿难,阿难答以:如来在日,未预定继任大师者;灭后,吾等亦未共推一人为大师。吾等依法而住,互相教诫,互相慰勉,则得一味和合如水乳。佛教之民主精神,有如此!佛不以神自居,亦不以神子或神使者自居,与弟子为师友,颇近孔子。而众以有若似圣人,欲共奉之如孔子,为曾子所拒而不行,亦有类佛灭之无大师。然佛教有沙门团之组织,而孔门则无。反观世界宗教(无种族阶级之限制,即人类宗教)之有组织者,耶稣死,彼得继起而演为教皇之制。穆罕默德死,继其任者,世为哈利发。因教主之位而起诤,盖不知凡几。此以神教徒,上崇神权唯一之神,下法君权唯一之君,虽有世界宗教之卓见,而卒不掩其帝国独裁之精神,未能尽世界宗教之美也!至如君主尊孔子,孔氏子孙世袭禄位,此非所以尊孔子,适为孔门之累耳!

一三　皆大欢喜

一入中国佛寺之山门,有弥勒殿,悬"皆大欢喜"额。弥勒像作憨笑之容,大腹便便,肥硕无朋,弥勒化身布袋和尚之相也。弥勒象征富余、喜乐、慈和、宽容、(中国式之)健康,为国人之理想型。较之印度、西藏弥勒像之精进强毅,迥然不同。

一四　道教反佛之伎俩

道教,总中国旧有之神话、祭祀、阴阳、巫觋等,流衍至汉末,始渐成有组织之宗教。佛教东来,道教徒虽多所仿则剽窃,而相拒颇力。历代之法难,类由道者从中引发之。唐以前,佛教之根柢未深,道者反佛之策,以老子化胡说为核心。老子西过流沙,不知所终,《史记》所传殊晦昧。适佛教自西而来,乃托为老子化胡成佛之说。老子化胡成佛,因有佛道先后之争。佛化粗犷之胡人,不适于华夏,因有夷夏之辨。余则出家佛弟子之不拜王,远离家庭,常被目为不忠不孝,是非其间。然南朝之佛教义学畅行,道者辄无如之何。北朝朴质,魏太武、周武帝,受道流之播惑,因有灭法之举。时入隋、唐,佛法昌明,已非老子化胡说所可蛊惑,道者乃别出反佛之道。道者托言道教之神仙,为帝族之远祖,使皇族与道者构成血统之关系;如唐之于李耳,宋之于赵公明,而唐武与宋徽之法难又起矣! 蒙元入主,佛教始借王力,举道经之诬辱佛教者而悉焚之。其后二教渐趋妥协,而二教俱敝矣!

一五　度牒与戒牒

　　清世宗废度牒制,代以戒牒(其实高宗时又曾用度牒),近人颇多指责,甚有谓其意在毁佛者,非也。佛子出家,何预国王事!学道贵有内心之自觉,重在身行。经教虽是所重,然何能据文义以为出家标准?编僧籍如编氓,立僧统如立守,古人每拒斥之,检大乘经及南北朝僧史可知。世宗虽枭桀,然信佛甚真。废试经度僧之制,盖有见于佛教本义,崇佛非毁佛也。至近代之僧流猥杂,非一朝一夕之故。唐、宋禅兴而义学衰,元代蕃僧至而僧格堕;明、清以来,政治压迫,久已奄奄无生气。承国族衰弱之会,受欧风美雨之侵蚀,乃日以不支耳。

一六　僧肇与《宝藏论》

　　《传灯录》载:姚兴怒欲杀僧肇,肇乞七日假,作《宝藏论》,论成乃受刑。临刑有"将头临白刃,犹如斩春风"句,后人传为美谈。然《十六国春秋》传肇公年三十一卒,姚兴惜之,无被刑之事。明智旭亦疑其被杀说之无稽,而未知《宝藏论》之为伪作也。《宝藏论》模拟老子,全不似肇公手笔。旧来目录,亦无《宝藏论》之名。论有"秘在形山"之句,盖真我在缠之说,即禅家之"本来面目"或"主人翁"也。真常唯心之谈,非肇公所应有。此殆唐末禅者作《宝藏论》，欲借肇公之名以自重，而苦世远之无征，乃伪撰造论因缘以取信于人。其事始见于《传灯录》，其故可知矣！僧传谓肇公年三十一卒，不明致死之由。今详肇公答刘遗民书云："贫道劳疾每不佳"，则知其素患劳伤之疾。青年早世，其以是欤！

一七　僧尼与帝王

佛教来中国久，僧尼为帝后而帝后为僧尼者间亦有之。僧之为帝者，有明太祖。初出家皇觉寺，后以世乱，从郭子兴起兵濠滁，卒逐蒙元而光复汉河山。以布衣而混一中华，汉高以来，一人而已！尼之称帝者，有武则天。初出家为尼，王皇后阴令蓄发入宫为高宗妃，次代为皇后。高宗崩，临朝，立子而又废之，竟移唐祚，国号周，开中国历史未有之先例。初吐蕃强大，略天山南路四郡，则天皇帝始规复之。帝之为僧者，明建文、清顺治并有出家之说。后妃之为尼者，则南北朝来多有之。

一八　神　尼

《隋书》有《神尼传》，略谓文帝——杨坚初生，有神尼来，愿负保养之责，坚父母即以付之。文帝幼年生活，全在寺院中，仅岁时一归省其父母。迨年长，始归就傅，神尼犹岁时一过其家云。其说似离奇，而事非虚构。他日文帝之勤俭为国，自谓"兴于佛法"。其再兴周武破灭之佛法，并与此事有关。以吾观之，文帝殆其父与尼有染而生者,为礼教所限,乃诈为夫人儿,而由尼鞠育之。事涉隐微,乃以神目之耳。明眼人读此,当不以吾言为穿凿也。

一九 为支那堪布翻案

唐时,西藏初受内地佛教之化。有支那堪布者(考得此为北系之禅者,随金城公主入藏),弘法藏卫,唱顿悟成佛之道。印度莲花戒至,与共辩论,支那堪布失对于当时,遂被放而不得行其道。西藏佛教乃日化于印度晚期——神秘欲乐之教。此则公案,西藏学者辄引为谈助。如宗喀巴《菩提道次》,即每指异义为同于支那堪布,一若支那堪布为异见之代表者。此含有鄙视性之传说,闻太虚大师尝为之翻案,未详作如何说。夫教学之短长,非一人所可得而代表,亦非徒竞辩足以定是非。印度旧习,特好论辩。今日甲胜乙,佛弟子被逼改宗,然佛法岂即此而坏! 明日乙胜甲,而甲又剃落出家,此又岂外义之尽失! 昔如意论师以语言失次,被判为堕负。华氏城佛教,为外道所屈,竟不得鸣楗槌,过城门。竞真理于唇舌之间,以空谈为是非标准,假借王臣之权力以相倾轧,此印度之陋习也! 佛教之末流,佛弟子熏染其间,论辩之风弥盛,思想若严密而落于繁琐纤巧。学者习于空谈,于身心实益、社会利乐转漠然视之,而佛教雄健之风、笃实之行,荡然无存矣! 西藏佛教以神秘欲乐为尚,愧见支那堪布多矣!

二〇　三　变

黄忏华叙欧阳竟无之学,初学儒凡三变,次学佛又三变,晚年归于儒佛一贯,合而言之,亦三变也。今谓欧阳老之师杨仁老,宗《起信》,晚年始知有唯识。欧阳老初弘唯识而辟《起信》,此则有异仁老矣！晚年,自《般若》而入《华严》、《涅槃》,于奘传唯识,微感不尽。今其上足吕秋一,唯识宗古学,乃欲别奘传唯识为唐人学以治之。以视欧阳老之宗唯识以辟《起信》,又有间矣。若合而言之,亦得三变。

二一　《般若经》最大

龙树赞《般若经》,于《法华》等一切大乘经中,《般若经》最大。般若之所以大,古人多难言之。成论大乘云:般若通教三乘,非独被菩萨,义不究竟。唯识大乘云:《般若经》但为发趣菩萨者说,非遍为一切乘,是第二时不了义之教。通则成论者抑之,别则唯识者薄之;不别不通又不得,《般若经》何其难为！实则《般若经》通教三乘,但为菩萨。但菩萨故深,通三乘故广;深广无碍,如杲日当空,平地高山,一时照却,此《般若经》之所以独大欤！

二二　教　主

日僧亲鸾,娶妻生子,创真宗,盛行于日本。其后裔凡二支,以东西本愿寺统摄其信众。支长世受国家之封爵,世为教主,类道教张陵之裔。西藏佛教,旧多娶妻生子。父死,其寺产由子喇嘛继承之。自元帝以政权畀喇嘛,西藏重复祭政一致之制。明初,宗喀巴出而矫正之,严戒律,重教学,于西藏佛教之贡献特多。然以因循俗习,虽不娶妻生子,而别有转世之制。即死者预嘱(无遗嘱者,由其他大喇嘛以占卜定之)死后转生之地点、时间,届时访而立之。旧制父终子及,今则前身后身相承也。乾隆以后,政权归诸宗喀巴大弟子之转世者,即达赖,政教复合一。然政教之大权所在,即争竞所在,致转世常访得多人,甚至烦累清廷,为之抽签以定之。吾释尊入灭,不以佛子罗睺罗继大师位,亦未尝自言转世以统摄之。佛教无教主,树二千余年来民主之光荣! 彼西藏与日本,固未知佛教之特质也!

二三　《十八空论》

《十八空论》,不详作者名,古人以为龙树造。详其内容,初释《中边分别论·相品》之空义,次释《真实品》之一节。此乃《中边分别论》之疏注,世亲后人作,或即真谛所出。或者视为龙树作,且据之以明龙树曾说唯识,妄矣!

二四　姓名之道俗辨

国人之出家者,举家居之姓名而并弃之,另作姓名曰释某某。考之古籍,非圣训也。世尊姓瞿昙,来人每以瞿昙呼之,则佛之姓不改。佛之及门弟子，如大迦旃延、大迦叶、大目犍连、弥勒、宾头卢，并是俗姓，未闻别作。或谓释道安初以释为姓，后《中阿含经》至，果有"四河入海，同得咸名；四姓出家，同姓为释"之文。安公冥会佛经，学者乃竞以释为姓。此亦未尽然，四河入海之说，虽大部未来，而别译已有。安公特据之以姓释耳，何悬鉴之有！且释迦乃氏族之称，以佛泯阶级（种姓有贵贱，即成阶级）之别，乃同称释氏以示平等。亦以法从释尊闻，从佛口生，名释子也。当佛教初传，国人之出家者，俗姓不改，如严浮调、朱士行等。其后，学者竞以师之国名为姓，而支、竺、于、康乃杂出，殊失其本。然宋初有张慧严、崔慧观、寇道渊；梁有姚道安；唐有金和尚等，并兼俗姓。迄今西南各省，犹通用张和尚、李和尚之称。或者讥其不脱俗，而实未尝违佛制也。名则佛世之阿难、舍利弗、金毗罗、阿那律等，并是俗名。下逮阿育王之世，帝须、耶舍、大天、摩哂陀、末阐提；及后大乘学者马鸣、龙树、世亲、天主，犹沿以俗名为名。一切有部说，佛谓欲作法名者，应依三尊。然此仅有部晚期所传，诸部则不尽然，如大众部则多用军字。是知改用法名，虽印度旧有，事非佛制。至密宗兴，乃无一不取密名矣！

二五　昙影与昙晷

经录传：什公译《成实论》，昙晷笔受。昙晷名不见僧传，今谓即昙影字形之讹也。影助什公译经，见《成实论》之诤辨往返，颇恨其支离，乃结为五番以呈什，什公善之。影之致力《成实》如此,盖笔受之人也。

二六　布袋和尚

《传灯录》载:布袋和尚"形裁腲脮,蹙额皤腹";"入廛肆聚落,见物则乞"。宋代已"四众竞图其像"。解脱而无所拘禁之风格,大有"游戏人间乐太平"之概,实与南宋之济公相类。然以传为弥勒化身,受中国佛教界尊严之供奉。迨布袋和尚像传入日本,图像歌赞甚多。因其"以一杖荷一布囊",与大黑天像相类似,为日本人视作福德之神。"布袋蛣儿引颈图","大黑布袋博奕图","布袋醉后欠申图",真所谓:"终日酒肆鱼行,何妨游戏放荡。"虽风颠游戏,寓洒脱于滑稽幽默之中,宜其为人所好,然其污损佛法亦甚矣!

二七　大黑天

摩诃迦罗,译为大黑,本印度之战斗神,一面八臂或三面六臂,为摩醯首罗天化身。佛教初视为夜叉或龙神,迨密典乃说为大日如来化身。义净西游天竺时,大黑天"手把金囊"像,供奉于厨侧或库前,已成为护持三宝、财富饮食之神矣!

二八　一阴一阳之谓道

《易》曰:一阴一阳之谓道。乾坤初拟于父母,翕辟本形乎性交。初民惊于男女生育之奇，于性交有神秘之感，乃以此而类推宇宙生化。基此而渐入文明，乾坤阴阳乃转化为正反、奇偶——宇宙间相拒相和之理。虽男女之道为家庭之本，而不复神秘视之。然一阴一阳之道，积古传来之方士，仍有采阴补阳，素女房中之术，视为成仙之秘要。虽此道源远流长，究不无狂愚妖诞之感！梵语三摩钵底，意译为等至，盖形容二者之平等相应，而达浑融一体之地。印度初亦用以称男女之交合，故《婆沙》有"阴阳等至"（或译雌雄等至）之名。遍行外道，与中国之方士相类，素有性之崇拜，渐发为男女和合之秘道。佛法中，三摩钵底为定之一名，以形容从修定而到达身心平等，心与境融之境地。迨密宗继起，融摄遍行外道之术为成佛方便，乃美性交为入定矣。

二九　中国佛教与边地民族

我国佛教之弘盛，有关于外族同化及边地民族者至巨。即如大乘八宗：三论宗之自北地而南传者为摄山僧朗，朗乃高丽人（实为辽东人，时属高丽）。大成者嘉祥吉藏，则为安息族之华化者。唯识宗，传玄奘之学者首推慈恩窥基，基为尉迟敬德犹子，系出于阗。华严宗亦称贤首宗，贤首法藏，系出康居。禅宗，大兴其道者卢慧能，系出岭南华猺杂处之地，五祖称之为獦獠。密宗则三大士并由外来。唯天台、净、律，纯由华族弘布而完成之。又如四大名山：普陀山兴起于日本之慧锷，九华山兴起于新罗之地藏，五台山地接北胡，峨嵋山则处西南夷，历为蒙、藏信仰重心。我国佛教得力于外族同化及边地民族，亦即有助于民族间之协和同化也。

三〇 老子生而发白

《神仙传》谓：老子处胎八十年而生，生而发白，因名为老子。然此非道家之旧说，元魏吉迦夜所出《付法藏因缘传》（卷五）云："胁比丘由昔业故，在母胎中六十余年，既生之后，鬓发皓白。"老子生而发白，实取诸佛教之传说。然胁比丘故事更别有传说为据。佛世有比丘名"上座"，《婆沙论》释其得名因缘，即谓处胎六十年而生，生而发白。《婆沙论》编集于西元二世纪，远在《付法藏传》之前。是则上座之传说，一转而为胁比丘故事，再转而为老子。传说多变，亦甚久矣！

三一 将心来与汝安

旧传达磨宗风，答语每从反诘问处着手。如慧可见达磨，乞与安心法。达曰："将心来与汝安！"可曰："觅心了不可得。"达曰："与汝安心竟。"僧璨之见慧可，可曰："将罪来与汝忏！"道信之见僧璨，璨曰："谁缚汝！"出言之旨趣并同，实则此是大乘显示胜义之一式。约理，则于无自性处显空性；约行，则于绝情见处体实性。此如《般若经·三假品》，佛命须菩提"为菩萨摩诃萨说般若波罗蜜"。须菩提乃曰：菩萨不可得，般若不可得，我云何能为菩萨说般若？佛因而印成之曰：如是！如是！若知菩

萨不可得,般若不可得,即是为菩萨说般若。一反来问以为答,
方等、般若经,实多其例。

三二　北土重禅

昙无最为北土之涅槃学者,魏太武中,曾预释老先后之辩,
举《汉法本内传》以证之。《洛阳伽蓝记》载:昙无最死后,入冥
中,见一比丘来,冥官礼敬甚恭。询之,禅师也。最自以弘赞涅
槃,功德难思,而不为冥官所重,心殊不平。冥官告以道在心行,
说法不如禅,非故为厚薄也。以此足觇北地之重禅轻教,无惑乎
达摩门下之不立文字,能日益弘大!

三三　求生东方

北齐真玉,初修求生西方之净业甚虔。后闻东方有莲花藏
净土,乃慨然叹曰:"人竞西往,更无东向",其如东方世界何?
乃回心求生东方净土,临终如愿往生。此老于净土念佛法门,可
谓独具只眼! 如净业成就,十方净土固得随愿往生者也!

三四　女王与《大云经》

女子不得作轮王,声闻法中有此说,大乘则不然。北凉昙无
谶所译《大云经》,佛记会中天女,当来以女身作转轮王,护持正
法。唐武后之敢于移唐祚称帝,开中国政治史上空前绝后之奇

迹,《大云经》与有力焉。当时僧尼为《大云经》润饰、注释,为武后宣传,颂《大云经》于天下,以示天命所在。武后称天册金轮圣帝,实本于此。时菩提流支来中国,迻译圣典,为武后所尊敬。其新译之《宝云经》,较之旧译《宝雨经》,独多天女受记作轮王事,盖取《大云经》说以糅合之。然《大云经》之本义,实指南印度案达罗王朝。如经(卷四)云:"我涅槃已七百年后,是南天竺有一小国,名曰无明。……其城有王,名曰等乘。其王夫人产育一女,名曰增长。……诸臣即奉此女以继王嗣。……满二十年,受持读诵是《大云经》,然后寿尽。"此则南印度别有女王,不关我中国。古人附会其事,不知何以通经!

三五　《十六罗汉因果识见颂》

《十六罗汉因果识见颂》一卷,日本《续藏经》收入失译中,非也。颂凡十六章,每章为三段。一、颂罗汉之事迹神力,依《法住记》。二、颂因果人天善行,间及我国之俗习。三、颂识见,即"识自本心,见自本性"之意,十九出《坛经》。此杂凑而成之偈颂,实中国禅者不立文字之文字也!

三六　禅门之风格

我国之禅者,虽以宗门自居,凌轹诸家,似乎高不可及。然就其风度言之,则禅宗之初,颇近于一分声闻行者。四事恬澹,有头陀之风;重实践,不以论说为重;有法堂而不立佛殿;经行坐禅于山边林下，随适而安；解脱之心甚切，所谓"己事未明，如丧考妣"；随闻悟入；凡此莫非古代声闻佛教之遗风。然禅者衣食随缘，不拘于三衣、中食；多从事劳作，如百丈之一日不作，一日不食；自始即别立禅院，与律寺异，迥异于古代。尝考大众部初分，有鸡胤部，衣食等一切随缘，重行证而不务讲说，精进过余人。达摩自南天竺来，唱"南天竺一乘宗"，疑与之有渊源。至于禅者所悟，以达摩所传二入、四行观之，则藏心本净之见也。然离言一句，大小所共，乃至外道有绝言见。浅深万类，唯智者能勘印之耳！

三七　土地菩萨

国人每称土地、城隍等为菩萨，颇嫌于神佛不分。今之学者每举而辟之。然《华严》、《涅槃》等大乘经，有主山神、主地神、主城神等，并是菩萨。秘密教中，则鬼畜诸天，尤多佛菩萨化现，或如来内眷属。夫印度群神，大乘得视为菩萨而融摄之；中国之土地、城隍，安见其不得为菩萨？神秘而泥古之学者，有以语我来！

三八　佛教之年节

佛教有安居之制，于七月十五日（或八月十五日）解制。届时，比丘受岁（加一岁），行自恣法，衣食住之受用，得丰乐随意。信众群来集会，布施作福，盖佛教之年节也。此日，称佛欢喜日；

此如父母见子女之长成,为之欣悦。释尊在世,旧有此制。传说佛为拔济目莲生母之饿鬼苦,教于佛欢喜日供佛作福,因有盂兰盆会。佛入灭已,乃有灌顶会、菩提会、涅槃会、阿难大会、罗云大会等。迨大乘教兴,因有文殊会、观音会、地藏会等。亦有于祖师诞大为点缀者,如西藏之于宗喀巴等。吾意七月十五日,为佛子年节;而俗称中元,存孝思之美德,可谓道俗兼美!如略其忏焰之繁仪,行自恣之法,一年一度之大会,不亦甚可美哉!

三九　读《新原人论》

人生之任情而动者,不觉也。知以节情而畅其情者,畅其情则为功利,节其情而为道义,义利战于胸次,似觉而实未觉也。情得智泯而净化之者,以智泯情则声闻之己利行,以智化情则菩萨之普贤行,情智未免于起伏,分觉也。任智而行者,情以智转而智在情中,人生之极致,大悲大智之大觉也。以是观之,道家"畸于人而侔于天",近声闻之己利行;儒者"极高明而道中庸",近菩萨之普贤行。有高山仰止之心,无达本情忘之术,似而未真,宜乎有"圣人亦有所不知"之叹!冯芝生作《新原人论》,曾不能知人生进程之分齐。欲以形式之概念,拟议于现量之正觉!知佛教之有己利行,而不知菩萨之有普贤行。陷入理学窠臼,悠悠于"二氏"之滥调,安见其能原人也!

四 《中华大藏经》序

　　佛法为一切智者之学,称实相之理,尽法界之量,备通世出世法,以修身为本,而达自觉觉他之极则者也。粤自能仁启教,贤圣辈出。法肇五天,历千五百年而晦隐;化流四土,竟二千余载而方隆。传通人世,今有三焉:巴利文系之锡兰三藏,详于初五百年之声闻,法化遍缅、泰、寮、柬。蕃藏文系之西藏二部,详于后五百年之秘密,流风被满、蒙、青、康。吾中华之华文系大藏,特详于中五百年之菩萨学。上则声闻三藏,既众部以兼明;下则秘密经轨,亦大体已斯具。历代持弘,余惠远及于越南、韩、日。

　　原华文之圣典译传,起于汉元寿。佛书编目,著于晋道安。大藏刊行,始于宋开宝。由中华传韩、日,集录刊布,代有胜业;刊行藏经而可考见者,盖三十二种矣。佛法为究极无上之道,随机利见,流衍不同,而唯华文大藏,足以统五天千五百年圣学之全;穷源竟委,得以见佛乘一味之真。吾中华佛子,宁不引以自庆耶!

　　今也变乱日亟,异说方张。值文化日新之世,民族贞元之会,自宜整理大藏,充实而发扬之,平人心地以启世大同。此固识者所共知,宜文六长者发起修订《中华大藏经》,而得朝野缁素所共赞也!

修订《中华大藏经》,广之以四大法类,内容体例,屈序及纲要言之详矣。试复赘言之。一、历代华文藏典,多少互异,存没不同,今尽举历代藏经,去其重出,综为一部,曰选藏,实历代藏经之集成也。二、元明以来,蕃藏、巴利之文,或有选译;古德著述,遗珍非一。今采集得四百余部,编之曰续藏。极续藏之量,可总摄蕃藏、巴利圣典之译为华文者。虽译华非一日之功,而立此大类,固当续续不已,期乎靡遗。三、华文佛典之传布世界,首赖迻译。取今之已译英文者而辑之曰译藏。据此意而引申之,则自小品以至大部,自英语而及余文,契时应机,译藏之业,固方兴而未艾。四、总目录,集一切佛典目录以备稽考,允治佛学之要事。总此以论,选藏似多而易成;续藏、译藏,始虽简而毕也巨。统四大法类以成《中华大藏经》,虽续译之功,事有所待;选藏之名,人或未喻。而其董理集成华文大藏经之固有,编续集以充益之,译外文以弘通之,思之深而虑也密,期心远大,非吾中华民族性之博大高明,其何以能此。时历八年,选藏既成。印谬忝发起之列,谨申序赞,以志随喜云尔。一九六三年六月,慧日沙门印顺谨序。

五 《楞严经研究》、《楞严经摄论》合刊序

今之世，非唯神唯物聚讼之世耶？非异见纷纭，而一以资本经济为所归趣之世耶？非西方异见诤执，泛滥横决于全球之世耶？吾中华民族，为经济之所厄，武力之所胁，积久而民失其所信，圣教衰而政治多纷扰。百年来事，思之固无不为之长太息也！太虚大师生于斯世，现菩萨身，本整僧以救教、弘教以护国、兴中国以救世界之悲愿，而以革新僧制，净化人生，鼓铸世界性之文化为事。其智也深，其愿也切，四十年如一日，非乘愿再来，其有能德业如斯之盛者乎！尝探大师之遗教景行，而知其本于中国佛法之体会与融通。唯其悟解之深，乃能极其应用之妙。大师之道，出世而入世，非趋时恋世之可比也！

距大师之上生二十年矣，旧历腊月十八日，值大师八十寿辰，子宽长者来访，思有以为大师寿。慨今圣教之忧患方深，正大师悲愿之所不能自已者。为大师寿，其唯阐大师之道乎！乃商印大师遗著《楞严经摄论》、《楞严经研究》。二书为大师早期之作，为大师思想之宗本，而本此以发为护教护国之愿行者。以此为纪念，谋中国佛教文化之复兴。唯佛教之复兴，乃足以寿大师耳！一九六八年十二月五日，印顺谨序于报恩小筑。

六 《法句》序

　　《法句》(Dharmapada)，是从佛说中录出的偈颂集。《智度论》(卷三三)说:这是"佛弟子抄集要偈";十二分教中，属于优陀那(Udāna)(参《俱舍论》一)。宋译的《法句》，题作《法集要颂》，即是法优陀那的意译。

　　据一切有部的传说:"佛去世后，大德法救展转随闻，随顺纂集，制立品名:谓集无常颂立为无常品，乃至梵志颂立为梵志品"(《婆沙论》卷一)，即指《法句》而说。然吴支谦(西元二三〇顷)作的《法句偈序》说:"五部沙门，各自钞众经中四句六句之偈，比次其义，条别为品。……故曰法句。"法救为西元前一世纪人，他应该是改编者。从五部沙门的各集《法句》而说，大抵先有名为《法句》的偈颂集，等到部派分流，各部又各有增编、改编。但既然都是从佛经中集出，也就不致因再编而损减了价值。

　　法句，或译法迹。法是佛弟子所行与所证的，迹是形迹、足迹。依足迹去寻求，可以达到所到的地方。引申此义，聚集多"名"，能因此而圆满地诠表意义，即名为句(此如中国所说的"筌蹄")。释尊的教说，不外乎"法说、义说";略集诠法诠义的要偈，即名为"法句"、"义句"。与《法句》相对的"义句"，见于法藏部的《四分律》（卷三九、五四），与我国旧译的《义足经》相合。在其他的学派中，称为《义品》。释尊的时代，亿耳于佛前诵《义品》；古典的《杂阿含经》，说到"诵说法句"。这类法义的要集，释尊住世的时代已经存在，实是最古的成文佛典。支谦序说："其在天竺，始进业者，不学法句，谓之越叙。此乃始进者之鸿渐，深入者之奥藏！"意义深长而切要，偈颂又便于读诵。一直到现在，锡兰等处还是以《法句》为初学者的入门书。其实，这不但是"始进者之鸿渐"，还是"深入者之奥藏"呢！

　　支谦的《法句偈序》说："《法句经》别有数部：有九百偈，或七百偈，及五百偈。"在支谦以前，中国已有《法句》初译的七百偈本。如说："近世葛氏，传七百偈。"但在我国的译经史上，已无可考见。维祇难于黄武三年（二二四）到武昌来，支谦从他受《法句偈》，是第二译的五百偈本。但"译所不解，则缺不传，故有脱失"。后来，支谦又从竺将（或作律，或作持）炎，重新校定。竺将炎所传的，又多了十三品，成为三十九品，七百五十二偈；即是现存的吴译《法句经》本。这应该与葛氏的七百偈本相近吧！这已是第三译了。考究起来，维祇难的五百偈本，实与锡兰（铜镍部）所传的《法句》大致相当。如现存吴本的三十九品中：

　　无常品一———言语品八…………锡兰本缺

　　双要品九———爱欲品三二

　　利养品三三……………………锡兰本缺

　　沙门品三四———梵志品三五

　　泥洹品三六———吉祥品三九………锡兰本缺

　　锡兰传本,恰好缺十三品(十三品共二五七偈)。维祇难所传的二十六品,为四百九十五偈,虽与锡兰本不能尽合(次第是十九相合的),大体可说一致。至少,这是大陆分别说系(铜鍱部也属分别说系)如化地或法藏部等所传,与铜鍱部相近。到西晋惠帝末年(三○五顷),法炬与法立译《法句譬喻经》四卷。这是《法句》的解说——叙事由与释颂义。品目与竺将炎本一致,但仅是一分而已(《法句偈》多依旧译)。姚秦皇初五年到六年(三九八——三九九),僧伽跋澄与佛念译《出曜经》(出曜即优陀那的意译)三十卷。所解说的《法句偈》,"集比一千章,立为三十三品"(经序)。从无常品第一,到梵志品三十三,这是一切有部所传的法救集本。宋太宗时(九九○顷),天息灾译《法集要颂》四卷,与三十三品近一千章的数目相合,引用秦译的原颂极多。约《法句偈》说,这是第四译、第五译了。支谦传说的九百偈本,大抵即指这有部所集本而说。铜鍱部所传的巴利语本,法舫法师在锡兰时曾有一译稿。可惜不曾精勘整理,他就去世了! 最近由了参法师译为华文,参考舫师的旧稿,只引用了数颂,其他都重新译出。这在我国《法句偈》的译史中,是第六译。

　　记得,三十五年暮春,我与了师在重庆分别,他去锡兰修学而我回浙江。竟是六个年头了! 今已开始迻译,这真是值得庆慰的! 巴利语的圣典,希望能不断地译出来! 锡兰来信,要我写一篇序。我不会巴利文典,从何谈起! 所以略述《法句偈》的译史以代序。

　　我觉得:一切佛法,同源于释尊的身教、语教。在后来的流传中,或重于句义的集理,或重于微言的发挥;或宁阙无滥地偏于保守,或适应无方而富于进取;或局而不通,或滥而不纯:这才因时因地而成为众多的学派。现存的一切佛教,一切圣典,都染有部派的色彩。现代的佛教者,应该兼收并蓄。从比较的研考中,了解它的共通性与差别性。从发展演变的过程中,理解教义的进展、停滞或低落,这才能更完整更精确地体解佛意,才更能适应这无常流变的世间。如执一为是,或自称为原始,或自誉为究竟,自是非他,这于世界佛教的前途,将是一重可怕的阴影!

一切佛法,同源异流。任何学派、文典,都难以绝对地推为一如佛说,而应从比较中去理解。这可举《法句偈》为例来说明。新译第一偈:"如轮随兽足",旧译作"车轹于辙"。pada,可译为"足",所以新译解说为:如车轮随于拖车的兽足。但也可译为"迹","辙"即车迹,所以旧译都解说为:如车轮的压于车迹而过。由于释义不同,传说的事由也就不同。这是源于同一语文而释义不同的例子。

新译第五颂的"从非怨止怨",旧译《法句》以及《中阿含·长寿王经》、各部广律,都是"以怨止怨,决不可能"的意思。"从非怨止怨","非以怨止怨",这是本于同一语句而传诵不同的一例。

新译的五八、五九颂,上颂为喻说:如粪秽聚中,能出生清香而可爱的莲花,旧译也都是一样的。下颂是合法:依旧译,于生死秽恶众生中,有佛弟子——慧者从中出离而得道。《出曜经》作:于下贱人中,能出生解脱的圣者。据新译,在盲瞑的凡夫中,佛弟子以智慧光照。这对于从粪秽出生莲花的比喻,似乎不相合。这在菩萨行者,此喻即解说为:莲花不生于高地,必须生于淤泥卑湿处。唯有不离生死的秽恶世间,才能修行成佛,以慧光觉照众生。这是同闻异解,因机而差别的一例。

新译四四颂:"谁征服地界,阎魔界天界?"旧译作:"孰能择地,舍鉴(应作监,即监狱)取天?"征服,旧译为择,即抉择……锡兰的解说为"如实了解",这是一样的。罽宾所传,地为爱欲;锡兰传者以地为自己,以阎魔界为四恶趣,以天界为人及六欲天,意义都不明显、妥贴。原来,《阿含经》中,佛不一定说五趣、六趣,每以现生人间为本,使人了解何善何恶,不致下堕于地狱,而能上生于天趣。所以,征服地界,即人类如实了解,而能自主地(不为他转,即征服意)离地狱而生天。地,是大地人类;监——阎魔界是地狱;天即三界诸天。这如下颂所说,唯有(人间的)"有学"(依有部说,顶位或忍位即能决不堕落),才能决定地于来生不堕地狱而生天趣。这岂非文从义顺!学派的解说,可能为一是一非的,也有可以两存的,也有应该再为确训的:这又是一例。

略读新译的《法句偈》,使我向来所有的——一切学派、一切圣典,同样尊仰而决不偏从,自由择取的信念,更加深了。世界三大文系的圣典,在彼此交流以后,佛法必将发扬出更精确、更丰富、更伟大的光芒! 一九五二年六月,印顺序于香港。

七　英译《成唯识论》序

　　《成唯识论》代表了西元七世纪初印度瑜伽大乘的正义。在瑜伽大乘中,这是最具权威性的集大成的论书。

　　论到印度的大乘佛学,不外乎空有二轮——中观与瑜伽。空有二宗都从禅慧的修证中来,都是以"正理"来阐明真义,安立现观次第,作为趣入大乘的轨范。在住持正法,适应时代的意义上,二宗有着一致的倾向,那就是尊重初期的佛法,从深一层的解说中,成立时代的佛学,引导当代的大乘佛教,离偏失而归于中道。龙树的时代,是"一切皆空说"盛行的时代。龙树以缘起为宗,发挥缘起无自性空说,也从空义来成立缘起,弹斥了实有自性说、方广道人的一切都无说、迷恋"梵王旧说"(婆罗门教的旧说)的"心常"说,而归于一切法即空的缘起中道论。弥勒的时代,是"境不成实"与"自性清净心"——如来藏思想流行的时代。瑜伽大乘的特色,是以刹那生灭的恒时相续的"一切种子心识"为依,以种子为缘起,来成立流转还灭的一切法。空,是甚深秘密的。钝根不能依空而立一切法,引起了偏见或诽谤,深刻地损害了佛法。所以依"异法是空,异法不空"说,"假必依实"说,宗承《解深密经》的三性、三无性说而破斥"恶取空者"。

由心性本净而来的"自性清净心"（如来藏），解说为"心之空性"，"心之真如"。正智属依他起性，是无漏种子（种子是刹那生灭的）所生起的。这样，"常心"与"常智"的经说，被导归于有为生灭的缘起论的正义。虽然，中观是三世幻有者、自空论者，瑜伽是现在幻有者、他空论者，有着教学上的根本区别，然在适应时机，遮遣"恶空"与"常心"，归宗于释尊本教——缘起论的立场，是完全一致的。这所以中观与瑜伽在印度大乘佛教界被公认而处于主流的地位。

弥勒的瑜伽大乘，是由无著传述出来的，根本在广明三乘的《十七地论》——《瑜伽师地论·本地分》。在《意地》中，说明心意识，有漏与无漏种子，确立瑜伽唯识学的根本。在《菩萨地》的《真实义品》中，阐明了性相空有的正义。其次，抉择《本地分》而作《摄抉择分》（可能有无著的见解在内），对阿赖耶识的理论证明，依阿赖耶识而安立流转与还灭的道理，更明确地表达出来。广引《解深密经》，对于三性、三无性，"诸识所缘，唯识所现"，作了更广的抉择。还有《摄释分》、《摄异门分》、《摄事分》，特别是《摄事分》，为《杂阿含经》与《波罗提木叉经》的抉择。承受初期佛法的精义，进一步地安立大乘瑜伽与唯识学。这一根本的原始的唯识学的特质，是非常明显的！弥勒还有称为"分别"的三部论——《分别中边论》、《分别法法性论》、《分别瑜伽论》（未译），都在共三乘的基石上，安立大乘的唯识学。

无著传述了弥勒学，又总括《瑜伽论·本地分》与《抉择分》的要义，而作精简的《显扬圣教论》，这是弥勒学的整理。此外，无著还有自己的论书，主要是称为"大乘"的三部论。一、依《阿毗达磨大乘经·摄大乘品》,造《摄大乘论》,以十种殊胜来总摄大乘要义,是大乘的"摄"论。二、依《阿毗达磨大乘经》(及《瑜伽师地论》),造《大乘阿毗达磨集论》,这是大乘法相的"集"论。三、依《瑜伽师地论·菩萨地》,取大乘经说而明大乘唯识,造《庄严大乘经论》(旧译名《大乘庄严经论》。本论是无著所造,依吕澂考定),这是大乘的"庄严"论。在无著的论书中,更多地引用经部师说。风行当时的如来藏说,在《庄严大乘经论》中也有所引用。然依"性种及习种",安立"种姓差别",有毕竟不般涅槃的无性人。可见如来藏是心的空性,缘真如境起无漏智,是所缘缘,而不是无漏功德的因缘性。关于唯识的体系安立,如《庄严论》的"所取及能取,二相各三光"(光是显现的意思)。这是依阿赖耶种子心识,现起所取的器世间、尘、根身,能取的末那、五识、意识。如《摄论》的以"阿赖耶为义识",依此而现起的"所受识"(六尘)、"身识",是"相识";"身者识"(末那)、"受者识"(无间灭意)、"能受识"(六识),是"见识"。阿赖耶识重于种子,由此而起的"相识"(所取),"见识"(能取),一切都是识,一切以唯识为性。这一思想系,演为后代的"一能变"说。无著的论书,在时代佛教的影响下,重大乘,重唯识。在所依的契经中,特重《阿毗达磨大乘经》。

无著发展了唯识学,无著的弟子(也是无著的亲弟)世亲,给予更严正的叙述。世亲对说一切有部系的论师与经师的法义有最充分的理解(如《俱舍论》)。到了无著晚年,才回心大乘。世亲造了很多的大乘论:解释大乘经的,如《十地经论》、《宝积经论》等;解释大乘论的,如《分别中边论》、《摄大乘论》、《庄严大乘经论》的释论（依吕澂考定，《大乘阿毗达磨集论》，由世亲弟师子觉造释论）。创作的论书，主要有称为"唯识"的两部论——《二十唯识论》、《三十唯识论》，都是颂文。《二十唯识论》，重在破斥离心的外境实有说；而《三十唯识论》，成立一切唯识现的正义。无著论的成立唯识，以阿赖耶种子识为本，现起相识与见识，似乎从一心而现起一切，极可能踏上一因论的歧途。所以世亲晚年所作的《三十唯识论》，依"三类识变"立论，重视摄持种子的阿赖耶识现行。这是《解深密经》的传统，弥勒学的本义。如《分别中边论》，以"虚妄分别"为依他起性；"三界心心所，是虚妄分别"，依他起并不限于阿赖耶识。说到识变，"识生变似义，有情我及了"（真谛译作"本识生似彼"，解说为一能变说，而梵本但说是"识"），这与《摄抉择分》所说："略说有四种业：一、了别器（"义"）业，二、了别依（"有情"根身）业，三、了别我业，四、了别境业。此诸了别，刹那刹那俱转可得，是故一识于一刹那，有如是等业用差别，不应道理"相合。阿赖耶识了别器界与根身；末那了别（执）我，六识了别六境。从三类识来说变现，说了别。所以依阿赖耶识而现起一切，或说依心心所而变现一切，其实都是"各从自种子生"。不离识的唯识学，明确地不同于一因论。在无著论的唯识学中，重在赖耶与末那，这是需要论证的要点。《三十唯识论》，继承了《瑜伽论》以自性、所依、所缘、助伴、作业——五门来分别五识与意地的传统；结合无著论的精义，而以十门等来分别阿赖耶识、末那识与六识。瑜伽大乘的唯识学，到达了更完整的体系。

　　在唯识学的流传中，虽然有随顺《摄大乘论》一意识师的学系,如真谛三藏所传的。有随顺《庄严大乘经论》,依如来藏(法界)而明大乘行果,如坚慧的《宝性论》(这二系,都不会说从真净心而生起无明)。然此后唯识大乘的弘扬,主要是依世亲的《唯识三十论》。传有十大论师的注释,可以想见当时的盛况!世亲的弟子中,安慧是精通阿毗达磨的学者,著有《三十唯识论释》,现有梵本及西藏的译本。陈那是新因明的建立者,所以这一学系,有"量论"(认识论)、"因明论"(论理学)的特长。陈那的弟子护法,著《二十唯识论释》(名《唯识宝生论》)、《三十唯识论释》。护法的弟子戒贤,在玄奘到印度时,是一百多岁的老上座,被那烂陀寺的学众尊称为"正法藏"。戒贤的弟子中,也有《三十唯识论》的注释。玄奘所传的唯识,属于这一学系。以护法说为宗,而撷取诸大论师的精义,糅合为一部《成唯识论》。这是代表那一时代,集唯识学大成的论书。

从世亲到戒贤、玄奘的时代,有二百多年了。在这长期中,论师们引起了种种问题,提出了种种的解说。经典方面,如来藏与阿赖耶识相结合的,如《入楞伽经》、《大乘密严经》等,也非常流行。唯识(唯心)法门,有了种种的异说。反映在中国佛教界,就是地论宗、摄论宗,与玄奘所传的唯识宗立说不同。玄奘去印度求法,动机是:"誓游西方以问所惑,并取《十七地论》以释众疑。"他的疑惑是:"双林一味之旨,分成当现二常;大乘不共之宗,析为南北二道。纷纭诤论……莫有匠决。"玄奘是想直探唯识的本源——《瑜伽十七地论》,以抉了当时中国唯心大乘的论诤。玄奘是传大乘唯识学(被称为唯识宗)的,而重心在《瑜伽论》。所以玄奘见到木叉毱多,就问:"此有《瑜伽论》

不?"玄奘亲近戒贤，戒贤为了传授《瑜伽论》而没有舍身；玄奘也就请讲《瑜伽论》。在那烂陀寺五年中，"听《瑜伽论》三遍"。等到玄奘回国，是贞观十九年正月。五月九日，开始译《大菩萨藏经》；而在五月十五日，同时就翻译《瑜伽师地论》。玄奘传唯识学，而所重的是《瑜伽师地论》，是以弥勒瑜伽的根本大义，作为大乘唯识正理的准绳。

　　弥勒论是唯识学的原始说。无著论发展了唯识学，受时代的影响，略有一心论（一能变说，一意识师，心所即心似现说）的倾向。世亲论立"三类识变"说，而复归于《瑜伽论》的体系。西元五六世纪，不但唯识的异义众多，阿赖识与如来藏相结合的倾向也越来越显著。玄奘承受了护法、戒贤的学说，融通陶炼了契经的有余说、十大论师的异说，精密抉择（玄奘曾从胜军论师，学《唯识抉择论》），而集唯识学的大成；这就是《成唯识论》。《成唯识论》不说如来藏，以"心之空性"说心性本净，是世亲《唯识三十论》的立场，符顺于弥勒《瑜伽师地论》的本义。《成唯识论》的内容极其广大，辨析极其精密。虽摄取了众师的异说，种种论义，而对弥勒的瑜伽唯识来说，是极其纯正的！这部代表西元七世纪初唯识大乘正义的圣典，贯通《阿含》、《般若》，而没有转化为本体论的圣典，留下了永久的不朽的价值！

　　中国是大乘佛教国，对佛法有过卓越的贡献，并影响了日本、韩、越的佛教。中国所发展的唯心大乘是本体论的。如华严宗说"性起"，禅宗说"性生"（六祖说："何期自性能生万法"），还有天台宗说"性具"。与缘起论为宗本的，玄奘所传的唯识学，并不相同。中国的大乘佛教，有它自己独创的特色。然从承受于印度的大乘来说，那就不是台、贤、禅、净，而是中观（三论宗）与瑜伽（唯识宗）了。

佛教进入了世界佛教的时代。中国佛教界，要发扬中国所发展的，也应发扬中国所保存的。从印度传来，保存了印度佛学的胜义，而为今日中国所独有的圣典，将之贡献于世界，应是中国佛教徒的责任！中国所保有而为其他佛教界所没有的，最重要的是：中观系的《大智度论》；瑜伽系的《成唯识论》（《瑜伽师地论》西藏也有译本，还有梵本的《菩萨地》）；还有说一切有部的《大毗婆沙论》。太虚大师曾经提议，把这三大部译为藏文，并由法尊法师先译《大毗婆沙论》（没有完成），也就是对中国佛教宝藏的珍重！

一九六七年秋天，中华学术院召开华学会议，香港韦兼善教授来台湾出席。会议终了，来静室相访。取出所译的英译《成唯识论》，告诉我译为英文本的经过，并请我写一篇序。我钦佩韦教授为学的精诚，并为这部华文佛教所保存的代表唯识学正义的论书将传布西方而欢喜！我想，还是略叙瑜伽唯识的源流，以确切说明《成唯识论》为继承弥勒瑜伽正义的论书，以表示我对《成唯识论》的赞扬，对韦教授将其译为英文的钦仰！一九六九年九月一日，印顺序于台北报恩小筑。

八　影印《金刚般若波罗蜜经》记

　　《金刚般若波罗蜜经》，自童寿译传以来，弘通独盛。盖以经明发心，则大心、胜心、常心、不颠倒心，极心量之深广。论修行，则都无所住，修六度善行，于一切而不著。成果德，则五眼圆明，河沙不足喻其福德，须弥无以拟其身量。是大乘最上乘，得弘一大师书之，倍复清净庄严，艺林所重。流通受持之益，讵可思议也耶！宏德优婆夷，深参世变，笃志真乘，尝建报恩小筑以奉三宝，盖广孝行以通佛道者。今以家翁次伦公、姑边太夫人七十双寿，适逢金婚之庆，乃率子齐英、齐茂、齐荪，女齐芬、齐芳、齐菁，缘孝思而发心，影印弘一大师所书《金刚经》，以祝椿萱之永茂。伦公与夫人，仁慈为怀，乐善好施，时亲近三宝以为归向。德业常新，且当趣佛智海，法寿无量，不仅世间福乐所归，仁者大寿已也！印顺寄锡报恩，预印经之议，因略记以申祝赞之意。时岁次丁未之春。

九 《胜鬘夫人经讲记》序

——在家的·女性的·青年的佛教

在大乘佛典中,有两部以在家身分而弘扬佛法的经典受到非常的推崇:一部叫"居士经",就是《维摩诘所说经》。一部叫"夫人经",就是《胜鬘狮子吼一乘大方便方广经》。尤其是《胜鬘夫人经》,以"在家"、"女子"、"青年"的胜鬘夫人为中心。对于重视"出家"、"男性"、"老年"的小乘佛教,成一显著的对比。

从信行来说,佛法是一切人的佛法。从弘扬来说,佛法也不是专属于出家的。在这娑婆世界,释尊适应时地的机宜而有出家制,清净修行,专心宗教,成为佛教的中心力量,当然是应该尊敬的。但从来偏颇的发展,引起很多的误会:或以为弘法是出家人的事;或以为护法是护出家人的法。偏以出家身分为典型,所以学佛的,不是志愿出家,就是在家修行,不再从事在家的事业,每每引起社会的讥嫌。不知道佛法的利益众生,是要普遍到每一阶层,每一角落。学佛者要站在自己的岗位,而发扬佛法的精神,去利益大众,摄化大众来皈信三宝。现出家相,只是学佛者的一类。如局限于出家,那弘扬佛法只能限于口头的宣扬,或领导修持而已。不能即人间正行(人间正当的事业),而引导人来归向于佛法。从大乘经典所见的大乘行者（菩萨），决不如此。如观音菩萨的普门示现一切身分（"应以何身得度者，即现何身而为说法"）。如维摩诘长者，参加一切众会，从事一切事业，甚至到淫妨酒肆去教化。如善财童子参访的善知识，有国王、法官、医师、建筑师、航海家等，还有交际女郎。大乘行者是以在家为主的；弘扬佛法，要这样地将宣传与事业融合展开，佛法才能达到普利众生的目的。

　　说到女性，佛法是一向重视男女平等的。但自如来涅槃，厌恶女性的苦行僧——摩诃迦叶集团，适应时代与地域（当时的摩竭陀与鸯伽人民特别尊重苦行，所以苦行的耆那教及五法为道的提婆达多都风行一时），成为佛教的领导中心以来，演化为小乘佛教。小乘的出家僧团，女性一向被贬抑。在小乘发达的地区，如缅甸、泰国等，女众连出家的都没有了。但在大乘佛教中，现在家女子身的菩萨实在不少！如妙慧童女、月上女、胜鬘夫人等，都成为一部大乘经典的中心人物。而《法华经》的龙女，《维摩诘经》的天女等，更显出胜过耄年上座（小乘）的胜德。女子比起男子来，自有她的弱点，但女性的柔和、坚忍、慈爱，都胜过男人，而与大乘的特质相契合。一位贤慧的太太，是家庭的融和安定力，也是丈夫在事业上成功的助力，所以轮王也非有女宝不可。在儿女的教育上，母亲的教导更重要。如在家女众，能对佛法有真诚的信心、坚毅的愿力、正确的智力，这对于家庭、人间的净化和乐，可说有着决定性的作用。特别是在佛教弘扬方面，主妇信佛，更是达成佛化家庭的最大力量。这如《胜鬘经》中，由于胜鬘夫人的言行化导，首先化导了丈夫——"友称大王"。进一步,"城中女人,七岁以上,化以大乘;友称大王,亦以大乘化诸男子,七岁以上,举国人民皆向大乘"。关于宣扬佛法,女性对家庭、社会,有着这样伟大的影响力,实在是值得重视的!

经常听人说,学佛是好的,但某人年纪还轻呢! 或者说:我过了五十岁,也要皈依佛教。在这些人看来,佛教是老人的宗教,是年老退休以后的消遣品。这种观念,障碍了佛教的发展。当然,老年人也是需要佛教的。但如佛教的信众,绝大多数的信众,绝大多数是老年,那不管佛教的真义怎样,佛教也不能不现出衰老、功利、急于为己的趋势了,这哪里能代表佛教! 从历史看来,释迦成佛不过三十五岁;教团中的青年,如阿难、弥勒等,并不在少数。大乘佛教的佛菩萨,都是相好庄严的少壮。象征大乘信智的文殊菩萨永久是童子,骑着狮子,拿起宝剑,表现了雄健强毅的性格。追求大乘佛果的典型人物,《华严经》有善财童子,《般若经》有常啼菩萨,都是青年。《佛藏经》说:老上座们斗净分散为五部,唯有"年少比丘,多有利根",主持了正法。确实的,大乘佛教是在青年大众中开展起来的。唯有青年的童真——纯洁的、真诚的、和乐的、活泼的、不厌倦的精神,才与"利他为先"的大乘精神相吻合,才敢有决心趣求究竟圆满的佛果,才能难忍能忍,难行能行,荷担起弘法利生的责任! 如胜鬘是一位青年夫人,她能于佛前,受十大受,立三大愿,结归于摄受正法的一大愿中。从悟解边说,凭她的深智,宣说大乘究竟,一切众生有如来藏(佛性)的胜义。约摄化众生边说,能化导全国人民来归向佛教。这样的佛教青年,才代表了真正的佛教!

香港学友优昙法师,写有《胜鬘经讲记》一书,要我写一篇序。《讲记》的内容充实,我能说些什么呢!不得已,从在家的、青年的胜鬘夫人,概略地说到大乘佛教的真精神,以作我对本经本记的赞仰!印顺序于台北,一九六九年六月八日。

一〇 《哌哰文集》序

佛教在印度,经历了千五百年的发展与演变,成为非常庞大而具有复杂内容的宗教。不论它如何复杂,成为人间最高文化的佛教,到底是从诞生在印度的释尊体悟人生实相而后流出的。虽也有过去的与他方的诸佛,但从佛佛道同去观察,这等于释尊佛格多方面的表现。一般他方佛菩萨的崇敬者,忽略了此世界即人成佛的释尊,不再注意佛在人间的确实性。畸形发达的结果,造成释尊本怀佛教的没落,流于虚玄而神秘的信仰。佛陀的信仰,不应该只是偶像式的崇拜。要把握佛陀的生命,从佛教不共世间的特质上,坚定自己的信仰,接受释尊指示我们的理解与实践。释尊住世时的佛教动态,与流行在南方巴利文系的佛教相近。但巴利文系的学者,如否认大乘,即不能理解佛陀的本怀。这不妨谈谈大乘是佛说。

大乘是佛说的信念,我立足在事实的基础上。释尊当时教化的对象,确乎多是声闻弟子。声闻乘者,在平时尤其遇到人事的打击与病苦缠绵的时候,都在请求释尊容许他自杀。这无常中心论者,充满厌世苦行的气味。但释尊本身,在大雄大力大悲愿的伟大生活中,表现了独特的精神;直到入灭的前刻,还在化

度须跋陀罗。佛陀是从修学菩萨道而成的,弥勒菩萨却被看为
"不修禅定、不断烦恼"的常人。这与厌离世间急求解脱的声闻
有着截然不同的行径,可说非常明白。菩萨道的行解,在早期圣
典里并非没有,这就是本生与本行。《杂藏》的本生谈等,决非
完全后起的。本生与本行,最初集在毗尼里,与二部毗尼等合在
一起。后来,佛弟子把它分离出来,成为《杂藏》的一分。分离
出的本行,有部叫做《大庄严经》;大众系称为《大事》;法藏部叫
《佛本行集经》,即传承上座分别说系的正统者——化地部,还
是叫做《毗尼藏根本》。佛陀的本生谈,虽有小小的不同,可是
各派都承认。这本生谈的内容,有小乘学者所不能会通的部分。
这在龙树、无著论里,可以明白看出。不同小乘行径的大乘法,
可说是释尊化世的大活动。小乘学者接受了本生谈,即不能否
认佛陀本怀的菩萨道。也就因为这点,无论小乘学者怎样反对,
大乘教法永不动摇它确实可信的基石,终于获得广大的开展。

　　不但如此,从历史的检讨上,认为五百结集是部分的;初期
小乘佛教的隆盛,只是畸形的发达。我敢说:摩诃迦叶的结集法
藏,除时间匆促与少数人的意见以外,还有把持的嫌疑。这并非
恶意的污辱,小乘僧团的争执本是常有的事。迦叶是小乘圣者,
他自以为假使不遇见释尊,也会无师自悟。其实,他无始来的习
气丝毫没有消除——声闻不断习气。在释尊入灭的时候,迦叶
带了严谨苦行的头陀集团,急急地赶到拘尸那。他是一位女性
的绝对厌恶者,曾受过比丘尼不少的讥刺。他一到,就为了女人
眼泪污染佛足的事情,在大众中责罚阿难,甚至指责到阿难请佛
度大爱道出家的事。迦叶不在当时举罪,却在释尊入灭不久,给

阿难重大压迫,甚至出了六个突吉罗罪。释尊入灭以后,比丘们本来是阿难领导着。迦叶运用了集团多数的力量,使阿难不得不服从,使阿难感慨地说:本来想依附大德,哪知反被责斥遗弃呢! 讨论到结集的地点,有人主张毗舍离,或者舍卫城,但迦叶又主张在王舍城。王舍城是迦叶旧住的教化区,这一次他还是从王舍城来。关于地点的决定,也是很可注意的。迦叶选定了五百人,本来想把阿难除去。阿难多闻第一,这是释尊常常赞叹,也是大众一向佩服的;这才容纳了大众的意见,选举阿难在内。迦叶与阿那律,分批领导比丘向王舍城出发。剩下阿难一人,孤独地到舍卫,又转到王舍。结集的时候,阿难申述佛的遗命:“小小戒可舍”,这与谨严苦行的迦叶思想上截然不同。结果,不但不遵守佛的遗诲,又给阿难加上一个突吉罗罪。这一次的结集,迦旃延、富楼那、须菩提他们都没有被邀请,苦行集团的操纵是非常明显的。关于释尊的言行,不能尽量地搜集,仅是偏于厌离苦行集团少数人的意见。这结果,促成小乘畸形的发展。释尊本身,并没有实行头陀行,也曾劝迦叶放弃头陀行。迦叶本是一位苦行者,他不愿放弃自己的行为,比丘尼们骂他老外道,不是无因的吧! 他那谨严刻苦的作风,正被当时的民众,特别是王舍城人崇拜着。释尊因他在社会上固有的声誉,给他相当的尊重,使他归入佛教。这一点,当时虽大大地增加了佛教的荣誉,但事态的演进,反而成为释尊本怀大菩萨道的障碍。我想,假使有人肯搜集迦叶的传记言行,从他的个性与影响佛教两点作严密的研究,这与理解佛教发展的动向上,是非常有益的。大乘教法,大众系是始终承认的。二世纪多闻部他们的分裂,也与大乘有关。大乘是佛法，我有坚决的信仰。这与南方巴利文系的佛学者，否认大乘甚至批评劝人学菩萨，根本不同。

释尊住世时的佛教，我也承认比较上接近巴利文系的佛教。或者觉得它既然接近佛教的原始态，佛教徒只要忠实地依着它去行就得。像中国内地的、西藏的与日本的佛教，不免混入印度教的思想与行为。中国内地的、西藏的与日本的佛教，是否如此，是另一问题。巴利文系的佛教者，虽自以为是理智的佛教，说大乘是感情的佛教；在我看来，他们只是依样葫芦的形式崇拜。他们根本的缺点，是忘却佛教是哲者宗教之一；哲者宗教应怎样去信仰它，从来没有理会过。哲者宗教，出现在婆罗门政治没落与刹帝利政治兴起的时代，创教者是实有其人。他承袭固有的文化又批判它。在这哲人宗教的内容里，有着创教者个性的活跃与他独特的见解，不像古代自然的宗教，只是某民族思想的反映。哲人宗教里所包含的独创成分，是他的特质与生命。拿佛教的术语来说，就是本怀的实教。那哲人宗教是否值得人类永久的信仰，就看它独创的思想是否伟大，具有超时代的深见与远见。是哲人宗教的内容，大概可以分为四类：甲、固有文化无条件的因袭。这是否创教者内心所赞同的，或者适应时代而暂时容许的，就看它是否与独创的思想相吻合。乙、多少改造过的旧思想。这假使作为引入真实本怀的桥梁，那还是属于方便。丙、受着时代文明的限制，不能尽量倡导本怀的思想，只能在旧形式中表示新意见。丁、独创的思想。凡是一个理智的信仰者，决不是愚昧的形式崇拜。它要吐弃那暂时容许的因袭部分，它要忽视那适应时代的方便，它不但积极地阐发那独创的真生命，还要使潜在的新意见从旧形式里解放出来。真正的理智信仰者，看来似乎比形式崇拜者远离了创教者的理解与制度，其实却开显了完成了创教者的本怀。大乘佛教的开展，即显发了释尊本怀的佛教。因了时代思想的适应，确乎与原始佛教有相当的不同。我们要谅解它，要把吻合释尊本怀的佛教，从适应印度文明的形式中掘发出来。不能只看到大乘佛教中印度教思想的融合，忘记了原始佛教也不能离开印度文明的摇篮。我们应该深入释尊的本怀，这要从佛教无限错综的演变中，从根本佛教的研究中，从身心调柔的体验中，才能完成。在这佛教不兴则灭的现阶段，我们当然不能走上虚玄而神秘的信仰，可也不应该摆出老牌佛教的姿态，引导信众走上形式的崇拜。要把深刻而正确的佛教，积极地发扬起来，让它在这病态进化的世界，完成社会救济与身心解放的两般任务。释尊本怀的佛教是什么？是世界平凡的人类在生死中发大心，积集悲智的资粮，遍学一切，不急急求证，"直入大乘"的菩萨道。这不但适应现实人间的需要，还是释尊人间成佛的本怀。

慧松法师修学了多年巴利文系的佛教。他在这次归国的途中，曾与我有三天的共话。他想把近年来发表过的作品，编成一部《哌哹文集》，要我写一篇序。我告诉他：不行。不过愿意提供一些意见，请求他的批评。

一一 《中国佛教哲学概论》序

　　印度大乘之学,植基于《阿含》,弘广于《般若》,经续纷陈,难可详究。其能抉择而显了之者,中观与唯识尚矣!晚期熔铸为真心说,始渐异从来之学。传入我国,真常唯心之说独张。隋唐间异采纷呈,成八宗之瑰奇。唐宋化流日本,初无异于唐宋之旧。迨专取信愿之说出,乃迥乎别矣。近代日本学者,详考深究,每有所发,虽众途并进,要不外归宗于真心及信愿之学也。

　　李居士世杰,游心佛法,笃志大乘,其研几之勤,思辨之精,求之我国佛教界,不数数见也。近出其本于中华旧说、日本新论,深究而贯之于"一心"之心得,成《中国佛教哲学概论》,将以行世。虽未及览其全文,然法苑义林,足备教界及社会学者之研考,则确乎无可疑也。

　　《概论》之组织,以"宇宙本体论"、"宇宙现象论",说三论、唯识、天台、贤首;以"人生解脱论",说密、禅、律、净,八宗之大义备矣。佛法初无间于大小显密也,要不外乎教证二门,亦即信解行证。教法为信解,明宇宙人生之现象(相),现象之真相(性),即相而契性之契证,依证而成之圣德。证法为行证,则基信解而持行之道要,达于解脱圣德之实证也。性相显密,莫不备此，故可谓无性相而不涉行证，无行证而不明性相，固难以性相及行证而判论诸宗。本书殆以义承日本学者之绪余，或以用为哲学之说明，故如此耳。

《概论》究义深彻，叹为希有。然更有可称叹者：一、我国为大乘第二祖国，阐发之精深博大，世无伦比，宜其为教界所宗仰，国族所弘护。然一以文义深隐，学者每有门墙万仞之叹。又以旧来理学之徒，偏以禅学拟佛法之全，隐蔽法门，渐致式微。今备论乎八宗，如罗列众宝，各呈奇采，乃知佛法之不仅禅也。文又简而义明，学者宜可依之以渐入佛法矣。二、佛法或说"唯心"，然非谓无物也，特以一切法不离心而安立，心为一切法之摄导者耳。故究极言之，即空即幻，心色缘成而无碍，初无违于法界平等，一色一香之为中道。或说本性（本体），然非谓穷推冥际，立本体而依之以发生，依之以开展。特以迷情滞于事相，举性以导其悟法相之本空，直显真实相耳。故究极言之，法性无碍于缘起，缘起不异乎法性，性相不一不二，何依何起耶？然世之学者，每以俗说之唯心论、本体论拟之。本书说一心，说本体，不蔽于世学而每显佛法之真，其功德不可量也。山居拉杂书此，用志随喜赞善之情云尔。

# 一二 序《佛教时论集》

　　续明法师籍北平,少年受知于开封净严法师、西安妙阔老法师。为学不倦,于战乱期中,来游重庆之汉藏教理院,余因得与相识。抗战胜利,复从余编《太虚大师全书》于奉化雪窦寺。次复共住西湖香山精舍、厦门南普陀寺。后复相偕避居于九龙,四易所居,未尝相离。在港与学友演培法师,负《太虚大师全书》及正闻学社丛书校对之责。共处十年,识其温厚坚毅,淡泊自得,为教服务而未尝计及利养,但黾勉以从事。年来多论议佛教之作,务平淡,顾现实,要归于本身之奋发,本身之改进。我佛教徒能循此意以行之,于教当不为无益矣。

　　余学尚自由,不强人以从己,不饰异以动人。但求相从者能安心于学,不急功利以渐进云尔。学无止境,无可赞否;而渐以向上,历久弥坚,则余于续师有所取焉!是为序。一九五三年一月三十日,印顺序于台北善导寺。

一三 《佛学论文集》序

　　佛法以笃行为尚,而笃行必先之于胜解。解所以导行,故封执名相而蔽于知解者非也。起行待于解,故离解说行,瞑目夜游,亦未见其为得也。千年来,中国佛教特重于行,义学且废;义学衰而重行之佛法亦衰。民国以还,义学渐兴。以国难因缘,佛教在台岛日有起色。或为义学之钻研,或为适时之教化,杂志、著述,蔚然云兴,其大法复兴之象乎!惟慈法师青年好学,既从学于武林,复受教于弥勒内院慈老法师之门。今且禁足秀峰,期于有得,其志行盖可嘉矣!顷出其比年写作凡十八篇,拟集以流通。审其目,则大小兼综。大之为中观、瑜伽,小之为婆沙、俱舍;旁及因明,上论止观,盖亦大乘之学,以一切佛法而为境者也。通百家之学,上正之于佛说;即文义之知,进趋之于实行,庶几其近道乎!是则将来之成就无量,此特始发其轫耳!是为序。

一四 《评新唯识论》自序

　　这个小册子,是我对于熊十力先生《新唯识论》的批评。从批评的方法说,熊先生以为佛法如何如何,以为佛法如何不及儒家。对于这,我不是以"圣言量"来批评他,他已弃佛归儒,"圣言量"有何用处!我是这样说:佛法并不像你所见的如何如何。你以为不及儒家,然从佛法的见地说,不一定是不及,也许是嫌儒家不够。从批评的重心说,熊先生建立的玄学体系,我并不多批评他;我是注重于该论对于佛法有特别关系处,如儒佛、空有、心物、体用。他特别批评无著、世亲的唯识学,因为这一方面,批评他的极多,所以只从大体上略论一二。从批评的动机说,像熊先生那样的年龄,那样的自信,那样有体系的玄学,我并不希望他老自己有何影响。曾读过他的《新唯识论》,而也就觉得佛法如何如何,佛法如何不及儒家的学者,我想或者可以有点影响。特别是理学心传的论法——莫须有法,阳拒阴取法,这种不讲理的讲理,我老大不同情,所以不惜多此一番笔墨。我以为,尽可发扬儒家的微言大义,尽可发表个人独到的思想,尽可说佛法不及我的见解好。在思想自由的环境里,似乎不必附会,用不着窃取!在古代,罢斥百家,独尊一孔,为了巩固圣人地位,维持宗派门户,不得不如此,这还有可说。现代,就是孔子曾经说过,也不一定能提高立论的价值,何必还来这么一套!"不说就是不说,让孔子没有说过吧!"不说,决无损于孔子的伟大,释迦不也是很多没有说过吗!知之为知之,不知为不知;说为说,不说为不说,也许还要合于孔子的精神呢!不知读者以为如何?一九四八年八月,印顺序于杭州。

一五 慈明寺《同戒录》序

　　夫"制立学处,说波罗提木叉",正法所以能住世。尝本此义以读律,久而有所感,深感于佛慈之深且切,设教善巧,而敬法重法之莫如佛也!世尊自鹿苑启化,普为一切修学者说。真发出离心,勤修解脱道,胜义同证,龙象如林。尽善矣,然犹未尽美也。盖重个人而略群体,施德化而未及轨则,虽得其人而道行,犹未免于人在法存,人亡法息之叹。夫佛法之出世,非为一二杰出之士,厥为大众,择智深障薄者而化之,亦化及顽愚,非仅为当前,亦远及末世。故吾世尊,鉴往知来,进而制威德波罗提木叉以摄护学众。"依法摄僧",以实现和乐清净之僧伽。重群体,重法治,佛法乃得以久住。唯集体之威德,如法之羯磨,化导之、摄护之、警策之、治罚之,而学众无不中绳墨,不期然而渐入于至道。亦唯如法清净之僧团,求之有道,取之有节,教化有时,行止有仪,乃足以适应社会,格化人心。故以毗尼摄僧而僧净,内则陶贤铸圣,解脱依僧伽而成就;外则化俗警迷,信敬缘僧伽而增长。佛灭二百年来,国运教运,史称双美。翊赞王朝统一之治平,弘开佛化诸方之盛业,岂非以此为宗本乎?"僧伽如法羯磨,正法住世",佛语不虚!此非侈谈发心,偏重个人德行者所能知也！

　　法流中夏，雅好大乘。律学虽传，而人情或薄礼义，或尊德性。故虽得意忘言，世或不乏其人，而清净僧制，迄未能蔚成风纪。毗尼之学，直视为个人之操持；而群治法治之意，晦焉不彰。禅者别立禅院，丛林清规，维大法于千年，亦足以尚矣！而格于佛制，则犹有所遗。今则禅制已息，律意未明；僧伽杂滥，佛法衰微。值衰变之末世复兴佛教，果将何所遵循耶？吾佛教诸大德，比年于台湾一再传授大戒，弘阐毗尼。虽方便不足，成效未睹，而或不失为穷极而求诸本者乎？

　　智性长老，台岛耆宿。一再弘演毗尼，并以三度传戒为愿。慈明寺主圣印法师，性公之上首也。仰承遗训，思有以满师愿，报师恩，以传授大戒事为念，并请有以助成之。余晚年探律，未遑精治，初未敢以律言。兹以随喜赞助，预斯法会。一九六七年十一月二日开堂，十二月十日圆满，得受具足戒弟子四百二十五人，别授在家菩萨戒亦三百二十余人。法缘殊胜，亦一时之盛哉！发心受具者，诚能以净斯戒品为道基，进而学习毗尼，本群治法治之律意，求僧制之健全，僧伽之和合清净，则于求解脱，弘正法，复兴中国佛教，固无有要于此者矣！依毗尼以自利，以利人，人能以复兴中国佛教为志愿，则宜为十方诸佛圣贤所称扬，岂仅满性公长老之遗愿而已哉！时一九六八年佛诞日，印顺谨序。

一六　善生精舍序

　　佛法无他事,亦善生而已矣!和乐善生,吾人之共向焉。内以调柔自身,扩吾人善生之令德,净化而底于大觉。外则和乐众生,树世间善生之正轨,慈化而达于大同。于自他身心间,克尽善生之能事,则佛法毕矣。

　　世之惑者,滞文执义,莫知真宗。闻佛说"无生"为圣者所共证,乃厌生以求灭;视世间如桎梏,而急急于求离。佛说此为痴犬,说此为增上慢人。不知无生之无,是超义、胜义、寂义;无生为善生之净化,即善生之极致,宁离善生而有无生可得耶!或闻佛说"了生死",乃弃生以事死,以学佛为善死,而后佛法之化,为度亡,为事鬼,终且与鬼教、巫教、神教同流。不知了生死者,即吾人之生死以了悟无滞,不为生死所缚而已。宁有不能善生而能善死,不能了生而能了死者乎!辟偏邪之稠林,开中正之坦道;不厌世以堕小乘,不事鬼以同外道,唯阐扬善生之真义耳!

　　善归法师,拟于香港建善生精舍,闻将以弘善生之道。乞为缘起,乃释善生之义以应之。唯希循善生之名以践善生之实,不落善死、度亡之窠臼也!

# 一七　华严寺刻经处募捐启

华严寺新刻佛典数十卷，多躬行实践事，或轨范身语，戒惧于起作之处，或发明心性，研几于未动之初。平淡切实，选刻者可谓知本矣！夫自觉觉他，佛法之极也。然发业之初，要当自真知灼见始。以知之真，见之切，卓然有所立，乃能不溺于声色货利之欲，忘己以为人。选刻者其有所见于此乎！世风丕变，国步维艰，抗战三年余，而爱钱惜命者犹比比。奸伪百出，辱国病民，选刻者殆有所感乎！顷悉华严寺刻经，宗镜和尚实主其事，刻费即其衣钵之余。自选之，自刻之，未尝求助于人。然有力即刻，无力则辍，我尽我心虽得之，揆于时众之需要则未也。乃专函商榷，得其同意，决募集净资，俾得多刻续刻，如火益薪，如灯灯之无尽。其选刻之责，仍由宗镜和尚负之。以佛法之精要若此，时众之需要如彼，选刻者又能善其事！吾知诚信三宝者，必多闻风兴感，起而共成其事矣！为之启。

（代陶冶公居士拟）

一八 清念上人传

　　清念上人,法讳法慧,福建金门张氏子。年七岁,就傅读。十六岁,慈母去世,哀恋忆念不能已。会观布袋戏,唐三藏取经故事,感于观音大士之神力悲济,因萌出世志。翌年,潜附帆船,投南海普陀山鹤鸣庵而出家焉。光绪十七年,于普济寺受具足戒于慧源和尚。上人志道坚贞,尝患疮四阅月,起卧维艰。会其尊翁来普陀,悯其苦而劝之返,上人安忍众苦,矢志不回。其后参礼诸方,礼佛舍利于阿育王寺,因任阿育王寺副寺十余年。还山,复任普济寺副寺多年。爱护常住物,清廉自持,人以称之。普陀山西南隅,滨海有天后宫,奉天后,渔民以为观音化身而崇敬之。光绪中,广莹和尚改建之,规模粗具。惜继之者非其人,亏累钜万,香火不继者有年。山中长老惜之,因举上人以主之,时民国五年也。上人誓志规复,正其名曰"福泉禅院"。筹还积欠,修葺补苴。其初也,艰苦备尝,日以番薯为主食。每年冬,游化闽南,泉厦缁素多识之。又尝游安南、星洲、小吕宋、台湾,淡泊简默,所至从化。上人俭朴审慎,虑亏欠之为累,数年而无所建树,人见其俭也而疑其贪。其后,首筑石围墙,次则重建大殿、香积厨等,精工坚质,焕丽庄严,昔之致疑者无间言矣。会抗日军兴,以寺务付弟子,游化于厦门。迨大陆易帜,乃避地星洲之海印寺。望八之年,犹遍历星、马各地以资摄化;所至,缁素咸尊敬之。一九五七年一月二十七日,晚食甫毕,寂然而化。得戒腊六十有四,世寿八十有二。荼毗于光明山,得大小坚固子甚多。普陀势难归葬,弟子印实因奉舍利来台湾,于新竹福严精舍建塔而供养之。上人福缘深厚,年未而立,须发悉白。法相庄严,道貌岸然,信施辄不求而自至。持身恬澹,俭约成性。日称弥陀圣号,以净土为依归。未尝致力于义学,而嘱其弟子盛藏、盛正(印顺)、盛求(印实),游学于闽南佛学院等。呜呼! 爱护常住,兴修刹宇,志心净土,奖掖义学,上人固无愧于本分衲子矣! 音容宛在,风木徒悲,略撷往行以为传,用以告福泉后人耳。徒印顺敬撰。

一九　法舫法师行传

　　法师讳法舫,河北井陉农家子,生于清光绪三十年。幼以避旱灾至北京,就学于法源寺义学。感佛门慈济恩,遂于一九二一年,依南岳是岸长老出家也。翌年,佛学院初创于武昌(简称武院),师闻风向往,乃结伴南参,亲炙于太虚大师者二年。转入北京藏文学院,且随留藏学法团西行。中止康定,欲求藏密。然以违缘,遄返武昌,自修于武院者又数年。其学日进,善唯识、俱舍,为众所重。

　　一九三〇年秋,师任教于北平柏林教理院,兼世界佛学苑设备处书记。讲《阿毗达磨俱舍论》,义解精当,学誉斐然矣!"九一八"变起,虚大师召之返武院,任世界佛学苑图书馆主任。于苑中编《海潮音》,从事于革新佛教之宣导,亦时出其研究之绪余。其后且三编《潮音》,断续竟五年之久。虚大师曾设预科、研究部于苑中,师居中主持之;且时过汉口佛教正信会,随机利导焉。武院为虚大师僧教育中心,《潮音》则其广长舌。五六年间,始终以师主其事,实山门之中坚矣!抗战军兴,应学友法尊约,入川主持汉藏教理院教务,二三年间,殊著劳绩。

　　虚大师国际访问归来,商得教育部同意,资遣师赴锡兰,弘传大乘。经缅甸，适应战时需要，留年余。一九四三年二月，始西出印度；后时往来于印度之国际大学，锡兰之智严学院。师本其毗昙之旧学，进求锡兰之初传，因地随宜，小行大隐，每随顺于分别说者。西安筹设巴利三藏院，中锡互换留学僧，胥师有以导成之。一九四七年春，虚大师示寂。师念武院旧业，巴院新猷，惧摄持之无人，乃经马来亚、香港而回国。所至辄观方设化，备受四众推重。翌夏，由厦返沪。首礼虚大师舍利塔于奉化雪窦寺，因被举为寺主。嗣回武院，重开讲席。一九四九年春，于长沙开般若法会，受任湖南首刹大沩山住持。虽国事日非，无可建树，然亦见诸方器待之深矣！自夏徂冬，卓锡香港。凡五启讲席，法化称盛，且刊行所译《阿毗达磨摄义论》。旋应锡兰大学聘，重游锡兰，主讲中国佛学，且二年矣。暇则游化马来亚、暹罗，于《太虚大师全书》之印行，所助尤力。初闻师血压高，以师壮健，咸不以为虑。不图竟于（一九五一年）十月三日，以脑溢血，俄而示寂，生年仅四十八耳。

嗟乎！法师善英、日、巴利文，精研法相，兼通世学，其法门之杰哉！比年游化东南亚，道誉日隆。方期迻译南传，复兴中土，继虚大师之志行而光大之。宁知众生福薄，象王既去而象子随行者耶？弘愿未酬，识者同悲。谨为略述遗行，以志永念。

二〇　大醒法师略传

法师名机警,晚年别署随缘。太虚大师字以大醒,因以大醒行。俗姓袁,江苏东台世家子;毕业于母里师范。读《憨山梦游集》,遐然有出世志,因从让之和尚剃落,时一九二四年,年廿五矣。是年夏,虚大师讲《维摩经》于光孝寺,法师始厕讲席。秋,去武昌佛学院,专心内典。法师于整僧护教愿力甚弘,揭"新僧"为号召,虚大师因为字大醒以勉之。一九二五年夏,从虚大师于庐山学窟。一九二七年,禁足于南京金陵寺。翌年春,应虚大师召,至厦门南普陀寺,任监院,主持闽南佛学院。时革命初奠,佛教危机弥深,而教内犹多因循,法师乃编发《现代僧伽》(后改名《现代佛教》)以策勉之。口直心快,语多痛切,泄沓因循者不以为然也。一九三二年冬,随虚大师为进退,离厦门。然在闽五年,于寺务教务,实多建树。一九三三年,小住潮汕。冬,还武院,主编《海潮音》,鼓吹人间佛教。翌年,讲《地藏本愿经》于汉口正信会。盖法师于地藏悲愿,景仰特深。一九三五年,去日本考察佛教,备受彼邦佛徒欢迎。一九三六年,住持淮阴觉津寺,革弊建新,且将追闽院之盛!办有觉津佛学院,《觉津月刊》;主持七县僧众救护训练;讲学于感化院。护教护国,颇为地方当局所重。迨战火逼近，法师乃退而自修。后尝主持高邮善因寺，时值战乱，随缘而已。抗战胜利，法师出任中国佛教会整理委员会秘书长职。一九四六年秋，继虚大师主持奉化雪窦寺。翌春，虚大师圆寂于沪滨，法师悲痛无已。其后，《太虚大师全书》之编纂，大师舍利塔之建筑，并多得其力。一九四八年，复主编《海潮音》。嗣以战火南侵，乃奉《潮音》来台湾，因任善导寺导师。历年忧劳，血压甚高。一九五〇年，移住新竹之香山。一九五一年，复发起主办佛教讲习所于新竹之灵隐寺，虽才财两难，而卒能勉成之。冬，以脑溢血卧疾，缠绵及载，一九五二年十二月十三日，乃别人寰，时年五十有三。呜呼！法师长于文学，能诗书，不拘小节，热心于佛教之文化教育。在儒则狂，在佛则大悲菩萨之流也！末世鲜中道，若法师者，可以谋进取者矣！去世何速，四众同慨！著作行世者，有《地藏本愿经讲要》、《八指头陀诗评传》、《日本佛教视察记》、《口业集》、《空过日记》等若干卷。

二一　向近代的佛教大师学习

　　虚大师是近代佛教的大善知识。他对于国家,对于佛教,功德不可思议!在这圆寂七周年左右,泰国的龙华佛学社,为大师完成了纪念堂,建成了舍利塔,派人到香港,将寄存识庐的大师舍利迎回供养。这表示了龙华佛学社同人对于大师的虔敬,华侨对于祖国佛教的虔诚。将来中、泰佛教的关系,会受到影响而亲热起来的!

　　舍利为什么值得供养?这由于大师的舍利是大师的悲智所熏集,是大师的功德所润泽。所以供养舍利,即是对于大师德行的仰慕。大师的德行不可思议,有三项是最值得赞叹的。

　　一、对于救僧护教,有着永不失望的悲心:近代中国佛教,内部的窳腐,外力的摧残,异常严重。而内外勾结的恶劣情况,使佛教新生的力量不能顺利地成长。大师毕生为教的努力,重重受到打击。住持净慈寺,受到腐僧与地痞的勾合,串通军政的恶势力来捣乱。主持中国佛教会,有人又在攻讦,甚至"上淆监察院之听,下挟流氓帮之威"。去欧美游化,捏名信攻讦他,称之为"妖僧"。将空山荒刹建为汉藏教理院,而巨赞他们想窃取为内学院分院。大师开始以演讲方式讲佛法,受到反对。主张僧伽参政,受到反对,被称为"政治和尚"。试行佛化结婚,受到反对。主张以部分的教产来办慈善事业,受到反对。在思想上,大师以为各有所长,也各有所短,相破相成,融贯无碍,但不能为一宗一派的成见所赞同。直到抗战胜利前夕,自称参禅的袁焕仙一流,自称净宗的如岑一流……还是尽情毁诋。佛学院,明知不易办得理想,而还是起而又倒,倒而又起地在办理。对于中国佛教会,从旁赞助,正面主持,受排挤,受攻讦,明知不能寄予大希望,而永久地萦回于大师的心中,怎样来整建教会,促成佛教的去腐生新,觉人觉世!反对他,攻讦他,到了需要大师为他护寺护产时,你请求他,他还是一样。大师心目中的佛教,是整个的,凡是有利于佛教,即使是维持苟安,大师还是愿意贡献他的力量。卅年中,受种种打击,经种种失败,甚至越来越困难,越来越黑暗,他比谁认识得都清楚。可是他从不失望,从不中断,为他救僧护教的悲愿而贯彻始终。这种伟大精神,在近代的中国佛教中,实是绝无仅有的一人!

二、对人事,对教义,有着无限的宽容:大师从不曾痛绝一人;不但当代长老,青年僧也如此。不管你曾经怎样反对过大师,如你愿意,大师仍旧摄受你。有些利用大师名义,引起部分人的误会,大师也不以为意。在大师看来,夜叉、罗刹,有时也会护法的;极恶人,有时也会回心的。关于中国佛教会,黄某是最使大师痛心了。大师说:"不惟我应忘世,而世亦应忘我矣。嗟乎居士!亦能永忘之欤!"真的,抗战期中,黄某受到社会的歧视,向大师诉苦,大师一样地安慰他,勉励他。教理方面,也是这样。大师是圆融,但决非台、贤式的圆融,大师是泰山不辞土壤,大海不简细流的。一切学派、见解、主张、说明，只要小有可取，那即使是偏颇的，不尽然的，大师是一样地含容着。依大师看来，如能把握圆正的佛教思潮，那么一切相反的，凌夺的，都会成为佛教某一部分的发挥，某一侧面的充实，成为法界的庄严。大师是中国佛教本位的，决不赞成日本化、西藏化、锡、缅、泰化，却派了弟子去日本、西藏、锡、缅、泰国，想吸收世界佛教的精英来复兴中国佛教。那种兼容并蓄的汪洋大度，除了大师，我从未曾见过。

三、对佛教有着远见与深见：大师所发表的见地，条理严密，但他的得力处，并不从条理参比中来。大师长于悟性，从佛法，从世事，所有直觉得来的观感，极远大又极深刻，处处能给人以无限的启发。民元前二年，大师写出《佛教史略》，就认定佛教将进入世界时代，应重于在家。此后，他从事中国佛教的复兴运动，始终不忘国际。民国十二年起，即开始世界佛教运动。除了自己出席日本的东亚佛教大会，游化欧美，访问南方佛教国家而外，还派遣弟子留学各教区，从事实际的联系。民国四年起，开始整僧建僧的运动，而始终不忘在家的佛教。一向着重在"立人之极，建佛之因"（七年）；"人道之正果，即大乘之始阶"（九年）；"尽吾人的能力，专从事利益人群，便是修习佛的因行"（十年）；"佛的人乘"（十三年）；"由遵行人伦道德，养成人格，而渐修菩萨行"（十五年）；"佛化重心移信众"（十六年）；"建立人生的佛学"（十七年）；到晚年，提供"以人乘行果趣进修大乘行"的现代佛教（廿九年）。到现在看来，中国佛教，不再是可以关门的，必须从教理上、友谊上，进入国际佛教融贯联合。佛教徒的解行,如不从染着隐遁色彩的声闻行、神秘色彩的天乘行中出来,从平常的人生行而趣入菩萨乘,是不能幸存于将来的。人类需要宗教,但决不需要带有隐遁、神秘倾向的宗教,而是救人救世的宗教。大师对于佛教的远见与深见,启示每一现代的佛弟子,走向发扬佛教的正道。这无疑是近代佛教史上唯一的光辉!

　　大师的深见与远见,我们不一定能学,但应遵循大师的指示去努力。这点,对于泰国的龙华佛教社是特别契合的。大师为教的悲愿,大师的宽容大度,纪念大师的都应该警策自己,随分修学!

二二　革命时代的太虚大师

　　太虚大师在民国元年,提出了佛教的"三种革命"。十七年,写了一篇《对于中国佛教革命僧的训词》。二十六年,又写过《我的佛教革命失败史》。大师是有革命的志愿与行动的,一般人也就以"革命和尚"看他。他的革命思想、革命方向、革命动机、革命主张、革命手段等到底如何? 他的革命是否彻底而恰当? 或者像有些人嫌他不够革命,甚至说他反革命,这都需要踏实的考察。不过,在近代中国与中国佛教中,他确乎是有过一番革命言论与行动的。

　　从大师佛教生活的全程去看,至少可以分为两个时期:闭关以前,大师自称为浪漫(大师晚年嫌它容易误会,又改作激昂)的革命时期;闭关以后,可说是温和(对激昂而说)的改进时期。也可以称前者为政治为先的革命时期,后者是佛教为本的改进时期。这一重心与态度的变化,如从大师的根本见地去理解,这是并不希奇的。他转变了,而根本的精神,始终有他的一贯性。我觉得,要认识这位近代的佛教革命大师,对于他的青年激昂时代,先该有一番认识。

　　光绪三十四年的春天,大师二十岁,从华山法师那里,接触到当时的新思想——康有为的《大同书》、梁启超的《新民说》、谭嗣同的《仁学》等,开始从深山古寺中出来,发见这快要变动的社会。就在那一年秋天,遇见李栖云,开始了与革命党人的往来;读到了孙中山、章太炎的《民报》,邹容的《革命军》等。宣统二年到广东,结识了一些革命的文化工作者——潘达微、邹海滨等,更接触到托尔斯泰、巴枯宁、蒲鲁东、克鲁泡特金、马克思、幸德秋水的译品,及张继等编行的《新世纪》。大师对于政治社会的思想,非常迅速地前进,如《自传》四说:"由君宪而国民革命,而社会主义,而无政府主义。"宣统三年的春夏间,为了黄花岗事件的嫌疑,不能不离开广州。光复以后,他往来于南京、上海、绍兴、杭州、宁波一带。起初,与江亢虎的社会党相呼应。其后,与不满江亢虎的一群——沙淦、吕大任等红旗社会党人打成一片。光复以后的两年多,对佛教的事情做得很少。在民国三年的秋天,他忽然结束了这一期的浪漫行动,上普陀山闭关去。

　　和尚也来革命,这似乎有点希奇,或者现在还有人作如此想。其实,在辛亥革命中,和尚革命,非常平凡。李栖云、许铁岩、苏曼殊,这是大家知道的。(黄)宗仰以经济接济革命党;玉皇组僧军去参加攻南京;连天台宗谛闲法师(时年五十四岁),也撇开上海龙华寺,赶到绍兴去当僧军统领(僧军是铁岩组织的)。大师那样的年轻和尚,参加革命,有何希奇?希奇在年轻和尚对于革命也还有些意见。吕大任《太虚大师早年生活之片段》说:"元年春,在上海云南路仁济堂,开社会主义研究会。中有年轻和尚,发言独多,与余意亦独惬。询之,始知为太虚法师。而其立言旨趣,则亦谓:欲真正解除人民痛苦,非于种族革命、政

治革命而外,同时实行社会革命不可!"大师以佛教徒去参加政
治活动,这当然不是"光复汉河山"、"取消帝制",就以为满足。
革命的真正目的,在乎解除人民痛苦,那非实行社会主义不可!

　　大师早年的言论,遗存得太少,不能得到完整的认识,只能
略见梗概。大师自己曾说:"意将以无政府主义与佛教为邻近,
而可由民主社会主义以渐阶进。"(《自传》)在各种政治社会思
想中,大师是以无政府的社会主义为最理想的;但这是不易实现
的,这只可先实行民主的社会主义,再过渡到无政府社会主义。
目前当行的民主社会主义,即具有国家组织的民主政治,所以是
民主的国家社会主义。从经济的主张说,大师常提到"集产"与
"共产",如(民二年春作)《上佛教总会全国支会部联合会意见
书》说:"须知集产与共产有异:集产但各取所值,共产则各取所
需。当此社会未能平等,金钱未能废除之时代,各取所需,万难
通行!"大师是主张实行各取所值的集产;虽然各取所需的共产
是更理想的,但现前还不能施行。不过这里所说的共产,与现在
众所周知的不同;大师当时所说的共产,实在是无政府主义。此
如(民九年作)《唐代禅宗与现代思潮》,即明白地提到这集产与
共产的差别,如说:"于产,亦有属个人主义之分产的、独产的、
及属社会主义之共产的、集产的不同主张。然以社会主义为正,
而尤以社会共产主义为无政府主义正宗。而无强权的社会共产
主义,即世人各各自由以尽其所能,与世人各各自由以取其所需
也。无政府党人,有此怀想。"大师所说的集产,即各取所值的,
是"尚容各个人以劳力所换得之代价,可依其现身为限而保存
其私有者",还不能全除私有制,所以虽认为现前可行,而到底

不如各取所需的共产好。

论到政治制度,民主当然比君主好。然而,"强权,实依国或家的私产而起,为保国与家的私产而存"。所以有家的私产,而家与家间的问题丛生;有国的私产(即国家的集产),而国与国间的争执不息。像苏联那样的社会主义,即不废"国的私产"者,大师批评说:"此实始终必须由主张者集用其绝对强权,外以维持国产,内以压散家族家产之发生成立不可。"即使民主的国家的集产,还不如无政府好,何况民主的国家的私产制度?

大师当时的佛教革命运动,可依大师所提出的"三种革命"来说。革命是摧毁腐旧而建设新生的,是必须对于某些挑战而要求改变的。这样的革命,是否可以应用到佛教,尤其是佛教的教理! 一般的信教者,对于教理、教制,总多少感有神圣性、不可毁犯性,这所以大师一提到"组织革命"、"财产革命"、"学理革命"时,《佛教丛报》的编者濮一乘,就要以恶辣不过的词句来痛骂他,特别是关于教理的。如说:"第三条之牵涉学理,窃恐非自命新佛之提婆达多从地狱复起不可!"然而大师以为是可以革命、应该革命的。关于教理方面,大师当时还没有充实的内容提出,据他晚年回忆所得,学理革命的主要意义是:"我认为:今后佛教,应多注意现生的问题,不应专向死后的问题上探讨。过去佛教,曾被帝王以鬼神祸福作愚民的工具,今后则应该用为研究宇宙人生真相,以指导世界人类向上发达而进步。总之,佛教的教理,是应该有适合现阶段思潮的新形态,不能执死方以应变症。"(《我的佛教改进运动略史》)这样的教理革命,既不触到释迦佛法根本而有所批评,也不是清算千百年传来因时因地所属杂的反佛法的东西。这是重心的转换，形式的变化。濮一乘他们大惊小怪，可见当时一般佛学者的无知！

关于教产，大师是主张"集产"的(见《上佛教总会全国支会部联合会意见书》)。与此有关而成为教制的重大改革，即主张"不得传法收徒"。《意见书》说："传入中国，沿承纲伦劣制，宗法恶习，……产生出非驴非马之佛教家属制。此寺彼庵，各自封执，传徒及孙，俨同世俗，日肆其贪嗔以奔竞于烦恼尘劳之场。茶然既疲，反置弘教度人之责任于无暇顾问。"大师对于剃派、法派的以十方公物作变相的私产授受，四十年来彻底采取反对的态度。因为这样，大师开始了对于谛闲法师的轻视。民国元年冬，宁波佛教会选派谛闲任延庆寺观堂的住持。等到任了方丈，观堂改为观宗寺，改为天台宗的法派丛林；对于住持的进退，不再容许佛教会的执行权力。这与大师当年的主张，化私——取消剃派与法派的接授，而为真正的十方僧物，恰好走着相反的路子。

其他，大师当年的主张，僧众应有参政的权利。如民二年夏《上参众两院请愿书》说："宜根据一律平等之条，切实保护，并规定佛教徒同有参政之权。"又主张服装应加改革，如《上佛教总会全国支会部联合会意见书》说："服制，则除袈裟直裰之礼服外，他项似不妨随俗。"其实，大师那时早已以身作则了。如在宏誓会的讲辞说："太虚……出言吐语，大都不经，僻行怪状，不理众口。然……就事相论之，发留一寸，本出佛制；服随国俗，自古已然。彼印度之比丘，固未始穿袍着裤似吾国俗人今所目为和尚者也。……彼以太虚为奇怪者，彼亦自奇怪之耳！"参政与改装两点，闭关以后，忽地转变，而且反对（见《致廖笏堂书》）。这一直到民国二十年以后，才又适应时势而重新提出来。

我要论到一个重要事实，即民国元年一月，大师"大闹金山"，召开佛教协进会。使人惊心动目的，是改金山寺为佛教学堂。其实，这是算不了什么的，这还是仁山法师等动议的。大师的佛教协进会失败，民二春天，接着与式海、玉皇等，在宁波观宗寺办佛教宏誓会。又失败，大师又想办维持佛教同盟会。这一贯的行动，据现存的《佛教宏誓会简章》、《维持佛教同盟会宣言》，知道这是一种"自由组合"的"特别团体"。换言之，这是为了佛教革命的革命团体。依大师的理想，集合不论中外、僧俗、男女，凡是对佛教有深切信愿的一群同志，共同努力，来创建理想的新的佛教。依大师的见解，复兴佛教，不能没有自由组合的团体，因为："佛教总会，非由个人意志集合。凡集会结社，贵有一定之宗旨，起人自由之信仰，方能以亲爱之感情相联络，一致之精神相贯注。"复兴当前的佛教，像佛教会那样的组织，是难以有为的，所以想组合共同意志的团体，作为革新佛教的动力。这是纯由自己努力的，是由小而大，化私为公的。这与闭关以后"整顿僧伽制度论"那一套根本不同。僧伽制度论的方案，要取得僧众的多数赞同，要获得政府权力的授与，这真是夜长梦多！然而，大师想组织革命性的同志，连号称同志的文希、仁山，也根本不了解而主张妥协。那样的佛教界，大师革命的不断挫折，是不可避免的。

另一个重要见解，同志的集合，是不分中外僧俗的，特别是

重视在家的学佛者。宣统二年所作《佛教史略》说:"今后之佛
教,势必日趋于通便精辟,凡有学问头脑者,皆能言其理趣,心其
信仰,而不复拘拘于僧之一部分,可断言矣! 我国佛教之不发
达,以佛学局于僧界,以僧界局于方外阻之也。其以僧界局、方
外拘者,皆取形式而不取精神者耳!""我佛等视众生犹如一子,
且未尝轩轾于天、龙、鬼、畜,岂规规然拘亲疏于缁白之间哉!"
后来,大师虽也重视在家信众的诱导、组织,但已将中心移转为
"建僧第一"。

　　大师的革命思想,由于时代风尚所引发,然在还没接触到时
代的思想时——光绪三十四年前,他在西方寺佛法的参究中,已
经体认得含有革命性的特殊经验。这种内心的特殊经验,即是
"空",即是"本来无一物",是从一般经验来的习识中透出,而了
得明净的精神本质——自心。这是直觉得了无纤尘,直觉得一
切现象的相对无定性,一切佛法的随机适应性。这种见地,通过
了环境的影响时,如当时的政治宗教,在向上发展的顺利阶段,
他是会以高度的信心去推进它。如在逆转而没落的阶段,他会
立刻感觉他的不契宜,会以毫不犹疑的态度去洗革它。大师这
种经验,深度与恰当到什么程度可以不论,但对于这位革命和
尚,却有着重要的意义。

　　大师对于佛法的安身立命处,或者以为是唯识,这是不对
的。他的宗教生命是禅,是受过天台与般若影响的禅;其后才受
到唯识的影响。大师对于禅,有特殊的领会处、特别赞叹处。如
在《唐代禅宗与近代思潮》中,列举了禅宗的"反信教精神"、"反
玄学的实证精神"、"反因袭的创化精神",歌颂禅宗到极峰。

《佛之修学法》说:"世有不达此理者,谓佛法之衰落,原于禅宗之兴盛,故抑禅宗而倡唯识,不知禅宗实为佛法之精蕴所寄。"大师当时的宗教经验,是近于空的禅。所以大师作《大乘之革命》,即以空为唯一的方法。在闭关期中,究心三论,特别赏识《百论疏》,曾拟作"一切可破论"。在这位佛教革命大师的心目中,一切唯求适宜。一切不适合于时宜而成为滞碍的(在个人即是固执的),什么都可以一举而摧破之。这种含有革命性的精神来源,《告徒众书》曾说得非常明白:"余在民国纪元前四年至民国三年,受康之《大同书》,谭之《仁学》……等之影响,本其得于禅与般若及天台之佛学,尝有一期作浪漫之佛教革新运动。"

大师闭关以前的革命时代,与闭关后有显著的不同,如大师老友吕荫南(大任)说:"大师闭关前,好谈禅理,多极端之语句外,其他言论行动,则与寻常党人无殊"(与一般僧徒即不同)。极端的语句,确乎可以看作当时的一种特征。早年的言论,虽遗存不多,但极端处还明白可见。如民三年春的弘誓研究会讲辞说:"名誉不足惜","道德无可崇"。这使我们联想到:受过禅宗陶铸而作政治改革的王安石,也曾摆脱儒家的传统,敢于说:"天变不足畏,圣人不足法,人言不足恤",看出彼此间的同样气魄。在一般斤斤于辨别公私时,他却在(民二年作)《致私篇》说:"天下亦私而已矣,无所谓公也。"而极端辞意说得最亲切的,如民二年《春宵感事》诗说:"从来般若原非有,最是贪嗔不可无。颠倒乾坤见魔力,总持凡圣此灵珠。图南漫作鲲鹏变,成佛当行鸟兽途。忽地横刀向天笑,万星今夜属狂夫。"这种浪漫的狂飙精神,真是横扫千军,目空一切。《自传》中也说:"心情勇锐,目空一切。""我其时在禅慧融彻中,侠情喷溢,不可一世。"这种浪漫精神,使他敢于为了援救盟兄圆瑛而得罪八指头陀;使他"愤僧众之萎靡顽陋,拟用金刚怒目、霹雳轰顶之精神,摇撼而惊觉之"(《中兴佛教寄禅安和尚传》)。于是乎"大闹金山",使长老们听见太虚二字,头痛三日。至于大师的疏放不羁,不拘小行,与俗同化,反而是极平常的了。

极端的言句,浪漫的精神,本于禅。中国的禅宗,蕴蓄于大乘经——佛法的通俗化,与吠檀多的"真我"说相合,再受中国魏晋来玄学的熏染,逐次创化完成。这是唯心论的、唯我论的,与老、庄、孟,大有共同点,与从此流出的理学,当然更为接近。大师在民元夏天的《怀故人诗》说:"不是圣人死,那得盗贼止!我意尚无为,唯君同所喜。"大师当时的见地,近于道家的无为,如《唐代禅宗与近代思潮》说:"唐代禅宗……不知有政,不知有教,不知有王,不知有佛,乃真能洗除乎老子所云失道而后所起之德之仁之义之礼智忠信慈孝等,而圣王死,而盗贼止,而剖斗折衡,而民息其争者也。"这显然以禅者真能实现完成道家这一着的,所以大师以为:"无政府主义,与佛教为邻近,而可由民主社会主义以渐阶进。"余如《致私篇》,由"陆子曰:宇宙皆己分内事"演出,而表现禅者真我的思想。

这种思想,多少大同小异地内契于"空"、"本无"、"无为"、"活泼泼、赤裸裸"的心性;外则深透了宇宙人生的相对性。这不从现实的相对中,确定他发展的必然法则,确定现象中的不变性,而将一切归本于自心,作为自心的称性舒发看。所以,不滞着现象中的某一迹象，只是随宜适化，而重视自心本具的功德藏。如弘誓研究会讲辞中的"不足惜"与"无可崇"，而自有他可惜可崇的，这即是禅者常谈的心性："一曰、名誉不足惜……惜名之甚者，动止顾忌，言行多讳。当为而不敢为，不当为而亦为，乃无往而不以伪。……故吾人立身行事，莫若以真。真何所凭？亦自凭之良心而已。……纯任良心者，一动一止，一言一行，虽举世誉之不加劝，尽人毁之不为沮。心如直弦，无所迁就，活泼泼地，不受污染。维摩曰：直心是道场，此也。二曰、道德无可崇……于宗法社会，则有所谓各亲其亲，各子其子；在大同社会，则有所谓自由、平等、博爱。……凡是皆道德之迹，非道德之所以迹也。……着道德之迹，则矫揉造作，奸伪百出，非愚即妄！故吾人安身立命，亦莫若以真。真何所在？即空寂之自性是已。百千功德，性自具足，无施不获，安用外求！"任良心与本真性，并非不受环境影响，也非置现实问题不论；这只是以此为本体，为一切取舍衡度的标准，也即是将最高的立法权、裁判权赋予这良心与真性。从此去了解一切，一切是相对的存在，一切是求其适宜。所以一切可破，而又一切可适应，"饿鬼畜生也有用处"，这点，对于大师未来的教理、教制的建议，实为绝对的指导原则。

民国三年九月，大师闭关了。从政治革命的立场说，他是离开了革命阵容。然从大师的立场说，近三四年的参加政治活动，如《自传》四说："我初不稍移我以佛法救世的立场，只觉中国政治革命后，中国佛教也需经过革命而已。"大师始终不离佛教，这不但是八指头陀、奘老、昱山等师友的关系，实有关于他那种内心的经验。真我唯心观中，充满了与时俱新的内容。政治革命与佛教革命,大师是决不看为背道而驰的。然而,大师禅慧中的侠情奔放,被时代所引起的浪漫革新行动,渐渐地从失望而怀疑。"潮流满地来新鬼,荆棘参天失古途。"(癸丑《春宵感事》)对于随革命而来的新时局,太不理想,所以曾主编《良心杂志》,宣传社会主义而揭示"良心",这对于现实的政治活动,早已吐露了要从人心改造起的意思。经过的政治情形更恶化,于是乎开始了对于自己的怀疑,对于如此混下去,是否为救人救世的最好行动,也开始怀疑起来:"鉴于政潮之逆流,且自审于佛陀之法化,未完成其体系。"(《告徒众书》)"欧战爆发,对于西洋学说,及自己以佛法救世的力量,发生怀疑。"(《我的宗教经验》)社会革命,对于大师是第二的。等到对社会革命失望,对自己的佛法救世力量知道不够,这自然会回归佛法,再来死心塌地地活埋一番,去完成佛法的统系组织,去充实自己佛教救世的力量。他谢谢关心他的革命朋友,告诉他们说:"芙蓉宝剑葡萄酒,都是迷离旧梦痕。大陆龙蛇莽飞动,故山猿鹤积清怨。三年化碧书生血,一剑成虹侠士魂。一到梅岑(即普陀)浑不忆,炉香经梵自晨昏。"

二三　我怀念大师

太虚大师圆寂来转瞬七周年了。这七年中，国家与佛教，都遭受了不幸。现在虽渡过了最险恶的关头，而前途还异常艰苦。在这国难与教难的严重时期，想起大师四十年中，为国家为佛教的努力与贡献，不能不想到，今日中国的佛教界，缺少一位大师那样的大师。大师的福德、智慧、风度，在社会与佛教中的广泛影响力，在国际佛教界的崇高声誉：这确是他四十年中"舍身舍心，救僧救世"所造成的。为国家与佛教着想，我渴望大师的乘愿再来！更期待今日中国的大德们，能承受大师精神的感召，继承大师的学业，成为当前我们所仰望的大师化身！大师不是少数人的大师，最近佛教界流露了对于大师的赞仰与推重的热忱。这应该是出于真心诚意的，这实在是佛教复兴的好消息。

七年前的今日，是我最后礼别大师的日子。我想起大师，更想起大师对我的慈悲。从我与大师往事的追念中，觉得辜负了大师的深恩！仅留有惭愧的回忆。

民国二十年春天，我进闽南佛学院修学，开始皈向于大师的门下。七月里，我开始写出第一篇佛学论文——《抉择三时教》，这是融会三论与唯识的，受到了大师来函的嘉勉与鼓励。

不久,去鼓山,又写出《共不共之研究》(偶然说到圆测所说的胜于窥基)、《评破守培上人读唯识新旧不同论之意见》。大师意识到我的性格,是是非非,不为古人融会,不为近代的大德包含,这是可虑的。所以又经大醒法师,关照我要心存宽厚,而且还写了一篇《评印顺共不共之研究》。但在当时,我是不能理解大师心境的。守老是江苏佛教的瑰宝!但他反对世亲、护法、玄奘的妄立有宗,如在今日,也许有人会把他看作毁弃圣言,诽谤僧宝(护法与玄奘)的。当时弘法大陆的大德,各有大事因缘,没有闲暇来留心此事。而初学的我,竟然以拥护唯识宗的立场,起来反对专宗《楞严》、《起信》,指责"护法妄立有宗"的守老。现在想来,确是过于孟浪了。廿一年春天,我又回到闽院,开始为甲班同学讲《十二门论》。夏天,我回普陀山去,开始我的阅藏生活,而我心目中所景仰的大师,还不曾见过。

一个冬天的中午,化雨小学校长——宽融法师来看我,传达大师的意思,要我到世苑图书馆去研究。我万分地感谢大师,但当时我面对三藏教典的丰富,以古为师,法喜充满,所以也就暂时辜负了大师的好意。廿三年,为了要阅览《大正藏》中的三论章疏,才于农历的新年去武昌。当时,先与华清法师去雪窦,第一次礼谒大师,请求开示。大师只是劝我多多礼佛、发愿、修普贤十愿。我没有理解大师的用意,也就不曾忠实履行。现在想来,大师的慧眼,是何等犀利!他见我福薄障重,非多修易行道,增长善根,消除宿业,将来是"孤慧不足以弘法",弘法而必招障难的。

武昌的酷热(前年在厦门,为此而病苦三月),逼我回普陀过夏。闽院院长常惺法师,因大师的介绍,约我去闽院教学。但只是半年,我便与苇中法师,在廿四年二月回到了上海,又同到雪窦下院去再见大师。大师剃去髭须不久,显得年轻些了,劝我去武昌。我决心回普陀,完成读遍《大藏》的目的。

四月中,我与大师发生了误会。为了中日佛学会事,内学院与留日僧墨禅等互相攻讦,牵涉大师。我觉得,为了正义,为了佛教,那时的中国僧众,不能以任何理由,去与侵略的日本合作,或者被诱惑而去日本参访。我不知表面文章而外,底层还有文章,就冒昧地一再向大师上书,措辞有点过火不客气。大师不理我。我一气,忘了善知识激发策勉的恩德,断然离开了大师。闭门阅藏,过着忘世生活。这要到编纂《大师全书》,遍读一切文记,才自觉从前错误。但来不及忏谢的遗憾,将永远地存在于我的心底!

廿五年初冬,我读完《大藏》到杭州去,这是我出家以来为游览而旅行的仅有一次。到了杭州,知道大师在灵隐寺讲《仁王经》;我被妙乘、慧云所邀去参加开经法会。大师一见我,不说别的,只说佛教内多的是谣言,有的是嫉妒,切勿轻信他!世苑新近要成立研究部,希望我去任般若三论系的指导。我没有答应此事,到镇江、南通去了(大师派人来六和塔找我,我早走了)!两星期以后,我回到上海,准备回普陀,去三昧寺看同学。恰巧那天,中国佛学分会(设在寺内)请常惺法师演讲,大师也来了,妙乘、慧云他们也来了。大师还是要我去武昌,大家怂恿我,不自然地接受了大师的意思。现在想来,因缘不可思议,不是杭、沪两地的巧遇,不是游兴偶发,不是大师的慈悲摄受,抗日炮火一响,困处普陀的我,早不知怎样了!我从因缘不可思议的经验中,时时想起了大师。

在武院,我经历了一夏的病苦。抗战的序幕——卢沟桥的炮火响了,大师也从庐山到武院来。一天,大师讲《新与融贯》,我扶着病去听,这是亲聆讲学的初次。大师不拘于一宗派,不拘于一文系,在不失中国佛学传统下,融贯一切。然而,大师的思想是有重心的,是导归人生佛教的。这是怎样的难学!要有高瞻远瞩的远见,阔达多容的大度,或与或夺的无边方便才得!如胸襟褊狭,或者才力不及,那只能学到皮相的笼统而已。我虽然也觉得"离精严无贯摄,离贯摄无精严",而其实长于辨异。这对于大师的心境,隔着千山万水。然在汪洋含容的法海中,大师并不曾拣弃此一细流,勉励我前进!

廿七年秋天,我到了北碚缙云山。那时,周继武写了许多东西,主张《起信论》与《成唯识论》是一致的,错在贤首大师,大师要我批评他。我奉命写了一篇,主张《起信论》与贤首是大体相合的,《起信》与《唯识》却不同,指出周氏的误解,而终结了周氏的诽毁。

我与大师,永远是思想与文字的关系。廿八年,大师从昆明寄来了林语堂的《吾国与吾民》,要我加以批评。我写了一篇《吾国吾民与佛教》,这是批评林氏而维护佛法的,后来由汉院的同学会为我印成小册子。

廿九年,我在贵阳大觉精舍住。不满意结城令闻的《唯识思想史》(墨禅译),决意另写一部。等到第一部分脱稿,寄给大师审定,大师为我改名为《唯识学探源》。后来为我作序,说是

"洵堪为学者探究之一异门方便"。对于教理的历史研究，在大师晚年的心境中，虽非传统的研究法，但决不如某些人所想像的"不可以"。年底，我回缙云山，大师就命我为专修部讲《唯识学探源》。

卅年，是我写作最勤的一年。如《佛在人间》、《法海探珍》、《佛教是无神论的宗教》，以"力严"名义，多数发表于《海潮音》。我的思想特征，明确地显露出来。大师并不看作佛教的破坏者，都采录而登载出来。有时加上几句评语，不是说"不可刻划太甚"，便是说"也可不必这样说"。此外，妙钦他们，依着大师的指示，来请我作课外的讲说。《摄大乘论讲记》就是这一年讲的。秋初，演培去合江办理法王学院，要聘一位导师，大师同意我去。从此，演培他们称我作导师，一直到现在。

卅二年夏天，我的《印度之佛教》出版，引起了与大师的长期商榷，也可说长期的论争。问题的重心在：我以为大乘佛教，先是性空唯名论，次是虚妄唯识论，后是真常唯心论。我从佛教流行的情况说，从佛教思想盛行的主流说。但大师以为：先真常唯心，次性空，后唯识。大师虽承认说一切空的经论比之说真常不空的（如来藏、佛性），盛行的时期要早，但真常唯心为佛果的圆满心境，为一切佛法的根本，所以应列于最先。到卅三年春末，我作《无诤之辩》（稿存汉院图书馆），这是备忘录性质，只是表示意见，而不愿大师答复。我那时，感觉到我的罪过，我不应为了这些，增加大师的劳累。佛教的事多着呢，怎能使大师时为此等事而劳心！卅二年冬的《大乘是佛说论》（本是长函）、卅三年春的《中国佛教史略》（妙钦初编，由我补充改正），都寄呈大师。大师为了《中国佛教史略》，特地为妙钦说《论中国佛教》，以表示不同的意见。然而，大师的《评印度之佛教》，积压了一年多才发表，生怕本书的发行受到影响。《中国佛教史略》，大师特为介绍于正中书局。大师对于言论自由、思想自由的精神，容忍异己者的雅量，对于好学者的鼓励，使我认识了大师的伟大！

　　卅三年秋天，我受十方堂聘，想去成都，大师要我到汉院。《阿含讲要》，就是此时讲的，发表在卅四年的《海刊》，大师评为《海刊》一年的佳作，给了我奖金。

　　胜利了，我的第一目标，是回到别来十年的普陀。但一到武昌，被大师留住了。那时，发起编纂《大师全书》，由尘空、杨星森负责；大师嘱我代为审细地搜集文稿。全书的纲目，早已大体决定。我发觉，大师的分大乘为三学，只是着重义理来分别，而菩萨的发心、修行等，都是通于三大系的，最好别立"大乘通学"一编。这一意见，经大师同意而修正了。当时，主持出版的李子宽居士送来供养，要我写一篇长序，总论大师的学业。我不敢答应，辞谢了供养。因为大师的思想博大无碍：普陀闭关，游化欧美，访问南洋，对于教义及建僧的见地，都有重点的移转。这不但是我没有圆满地理解大师，理解的也许不多。我不能写，写出来也是不容易讨好的！

　　卅六年三月六日晚，我回到上海，礼见大师于玉佛寺的直指轩。大师为教的心境，当时非常不顺适。十日早上，我向大师告假，要去西湖一看。大师说："就回这里来吧！带几株梅花来！"哪知道这就是最后的礼别。不几天，得到大师去世的电讯，特地折了几株灵峰的梅花,带回灵前供养大师。

大师的事业,我无力主持;大师的遗物,我无力保存;大师的舍利,我无法供养。在大师门下,我是那样后起,那样的障重福薄,那样的执拗。我不是上首迦叶,不是多闻阿难,更不是代师分化一方的舍利、目连。我只是,但求依附学团,潜心于佛法的孤独者! 只是辜负大师深恩,烦劳大师而不曾给予助力者!

大师去世了,弟子们云集上海。但是各有法务,留下的《全书》编纂茫无着落。大家要我来勉为其难,总算在大师弟子中,有大醒法师供给膳宿,这才在大局如火的动乱中,草草地完成。我避难到香港,写了《大师年谱》。来台湾以后,又因为大醒法师久病,暂时负起大师创办的《海潮音》社长名义。这些,在我想来,多少会给我报恩的机会吧!

我还是那样的福薄障重,还是那样的孤独,还是那样的执拗,还是那样的不能契合大师的轨范。然而想到了大师的海涵汪洋,大师的诱导慰勉,也就自忘僻陋,做着从前那样的,能力所能做的事。

我怀念大师,我寻求着大师的精神,我期待着大师的乘愿再来!

二四　太虚大师菩萨心行的认识

一　大师在佛法中之意趣

虚公大师弘法三十多年,可称为觉世觉人的佛化运动。此一运动的思想体系,是以中国本位佛教为重心,简持世界佛教的精华。以佛教文化为总线索,摄导东方文化——特重于中国文化及现代中国文化的三民主义,促成东方文化、东方世界的复兴。东方文化的复兴,才能革新西方蔽于唯神、唯物的功利文化,摄取其精华,而陶炼为世界性的、佛化中心的新文化,造成人世和乐国——人间净土。

此一崇高理想,非中国佛教建立清净僧团不可,非佛教大众修菩萨行不可。所以大师明确表白个人的志行,是"志在整理僧伽制度,行在瑜伽菩萨戒本"。大师对于此一志行,彻始彻终,坚定不移。晚年的定论说:"想复兴中国的佛教,树立现代的中国佛教,就得实现整兴僧寺,服务人群的今菩萨行。"(《从巴利语系佛教说到今菩萨行》)所说的今菩萨行,要"建立适合今时今地的佛教";"(在家出家)同为六度四摄,即是实行瑜伽戒本";"出家的,可作文化、教育、慈善、布教等事业;在家的,成为有组织的……农、工、商、学、军、政各部门,领导社会,作利益人群的事业"(《我的佛教改进运动略史》)。今菩萨行也就是人生佛教,所以说:"在今日的情形,所向的应在进趣大乘行;而所依的,既非初期的声闻行果,亦非二期的天乘行果,而确是在人乘行果,以实行我所说的人生佛教。"(《我怎样判摄一切佛法》)大师于此一志行的切实提示,最明白也没有了!

　　复兴佛教来救中国、救世界,为大师一贯的大志愿,表现于大师对佛教、对社会、对国家、对世界的活动中。推动此一志愿,是本于佛法的菩萨心行,也就是"行在瑜伽菩萨戒本"。关于这,民国二十四年五月,大师在南京开讲《优婆塞戒经》,曾进一步地给以说明——说明"本人在佛法中之意趣"。大师说:我"非佛书研究之学者","不为专承一宗之徒裔","无求即时成佛之贪心","为学菩萨发心修行者"。前三从消极的反面说,后一从积极的正面说。大师坚定地说:"本人为一欲学菩萨发真菩提心而学修六度行者。"(《优婆塞戒经讲录》)修发菩提心而行六度行,便是行在瑜伽菩萨戒本。二十六年夏天,在武院讲《新与融贯》,又提到这三项意趣。所以,唯有把握此一意趣,才能亲切认识到大师的真面目,才能理解大师对国家,对佛教的真意趣。否则,会容易错会大师:不是把大师看作离弃佛寺、毁乱佛法的革新者;就认为是维持古老佛教、古旧丛林的人物。

　　时光如此迅速!大师的舍报,竟是十周年了!在这法界同声追念的时节,对于大师在佛法中之意趣,特引述大师的教说,拿来纪念学发菩提心、学修菩萨行的大师,加深我们对于大师的正确认识。

　　大师在佛法中之意趣，看来非常明确，而实容易引起误会。据大师说：他是学发菩提心的，学修菩萨行的，不是研究佛书的学者，不想作一宗的徒裔，没有求即时成佛的贪心。那么，如反过来说：研究佛书的学者，一宗一派的徒裔，求即时成佛的行者，就不是真发菩提心的，学修菩萨行的。如真的这么说，那些研究佛书的学者，各宗各派的宗师，求即时成佛的行人，包管会一致地起来反对大师。其实，大师此番"本人意趣"的宣说，是不能依文作解的；如迷文执义，再也不能体会大师的意趣了！

　　传统的中国佛教，近千年来，一直在我祖我宗的宗派圈子里作佛事。自宗是至圆至顿，至高至妙，只要说到我宗如此说，我祖如此说，就自觉为天经地义。而即时成佛的禅宗，又几乎代表了佛法的一切。到近代，研究佛书的学者，也渐渐多起来。最极端的，甚至"非玄奘罗什之译不读，非龙树无著之论不求"。由于政府的羁縻边疆，康藏的佛法泛滥起来，即身成佛的动听名词又到处宣扬起来。在大师的心境中，这些虽都是应时化物的佛法，但在现代，都只能造成中国佛教的困难，不能达成整建如法清净僧团，完满发扬大乘来觉人觉世。所以，大师不单是说明自己为学发真菩提心，学修菩萨行，以人乘行果趣进向大乘行的大乘心要，而要说"不是"，"不为"，"无求"，有着针对现实佛教的对治性。唯有从针对佛教偏弊中，适应现代机宜中，才能认识大师所说菩萨心行的真义。

二 为什么"非佛书研究之学者"

什么是"研究佛书的学者"？大师指说为："从事考稽佛学书籍而研究其义理。……用字比句栉、勾古证今之功夫，将佛法当学问来研究。"这样的研究佛书的学者，是否一定与发菩提心、修菩萨行相违反？从修学佛法来说，十法行的前八行，都是成就闻慧的方便。从古代的佛弟子来说，"经师"、"律师"、"论师"的一分都适合这一定义。我们不能说，这些都是不能学发菩提心行的。就是献身心于翻译工作，如玄奘等；从事于大藏经录的审订，如道安、道宣、智升等；编录僧传，如僧祐、道宣等；为圣典的辞句作音训，如玄应等，这些，都还是功德难量，何况是考稽佛书而研究义理呢！而且，大师自己曾经创议为"华文佛学分科研究编辑"，主张"依大藏佛典为原料，从各种科学之立场，分门别类以为采集之研究，更凭研究之所得而组成各科学"（《年谱》三〇五页，本版一九八页）；又曾以教理行果来统摄佛学，"教"中分："佛教法物之搜集，佛教史材之编考，佛教经典之考订，佛教图书之编纂"（《甚么是佛学》）；大师在武昌成立世苑佛教图书馆，成立"编辑"、"考校"二室（《年谱》三四七页，本版二二五页）。如这些而决与菩萨心行不合，那么大师为什么又来提倡？难道己所不欲而施于人吗？就是考证，大师也曾写过《佛教纪元论》。这样，大师的菩萨心行而"非佛书研究之学者"，到底意趣何在？

大师自己说："本人则读书每观大略，不事记诵，不求甚解。"这是大师的特性。《自传》（三）说到：十九岁时，读《般若经》有省，从此记忆力减弱，而悟力特强。大师对于佛法的分析、综合、贯通，不尽是记诵的，辨析的，大抵得力于领悟。这一特性，决定了大师对佛学的态度与写作方法。然而，如"佛学分科研究"；"教"的搜集、编考、考订、编纂；图书馆的"考校"，虽非大师习用的方法，也未尝不是自行化他的一道。大师在《大乘宗地图释》（一三二———一三三页），说到自利方面，有"教理研究"；利他方面，有"历史研究"。所以大师所说的"非研究佛书的学者"，是指那些离开自行化他佛教立场，而只是当作学问来研究。民国十年，朱谦之到西湖兜率寺，想从大师出家。他立意"将所有佛书批评一过，从新整理建设起"（《自传》八），这便是佛书研究者的榜样。他并不以研究佛学为"自行化他之具"，不是看作"振兴佛教，弘济人群之方便"。所以大师说不必出家，介绍他到欧阳竟无居士那里去。这样的研究佛书，根本不是学佛，不是信解正法，还说得上发菩提心、修菩萨行吗？还有，佛法在世间，不离世谛流布，无论重信、重解，只要有所偏重，就会落入窠臼，不能自拔。个人如此，团体也如此。在大师当时的心目中，偏重于佛书的研究者，动机不一定不好，而积习难返，每起不良的副作用，所以曾告景昌极说："君等乍游佛法之门，能执利器以防御邪外，固所乐闻。若将深入堂奥，则当舍干戈而从容趣入之，未应持械以冲墙倒壁为事也。"

　　一般以为大师是一佛书研究的学者，大师也确是深入地研究过，但大师的本意却不如此。这并不因为佛书研究就不能发菩提心、修菩萨行，而是说，如离开自行化他的立场，便不成其为佛法。从如来大觉心中流出的法教，无非应时应机，使人获得止恶行善，或者净心化欲的利益。虽然佛教在人间，不能没有教典，不能没有人研究，不能没有人索隐探赜，但决不能离弃利益自他的原则，专为知识而研求。大师把握这一佛法的根本意趣，针对当时有人专究佛书的偏向，这才宣说他"非佛书研究之学者"的意趣。

三　为什么"不专承一宗"

大师又从根本的、全体的立场，宣示他是学发菩提心行，而"不为专承一宗之徒裔"。虽然，佛教二千多年来，尽多发菩提心、修菩萨行的祖师，开宗立教，代代相承，但大师却不愿如此。因为照大师看来："现今所流行的佛学，实源于二千数百年前印度的释迦牟尼佛。……有了因时因地的许多变迁。然直溯释迦牟尼大觉心海的源头，我以为只是：圆明了无始终无边中的法界诸法实相，体现为以法界诸法为自身，以自身为法界诸法的法身。又完全的开显表示出来，以之教导无数世界中有成佛可能性的种种众生之类，使皆得成就无上大觉一样的圆明法界诸法实相，且体现为无尽无碍的法身，而并非后来许多支流派别的传说。"（《佛学源流及其新运动》）大师直探佛法的本源，也就是归宗于释迦牟尼佛的觉源。在这佛法所从来的释尊觉海中，有什么宗派可说！所以，大师的佛法观，真是道地的佛教，而不是各宗各派的祖师教。当然，各宗各祖的教说，也还是推本于佛陀。

为什么会有宗派？佛为了适应众生的根性，施设教法，就有了诸乘的差别。大师在《新与融贯》的开示中，说到印度、中国、日本的宗派而后,断论为:"宗派之所以兴起者,差不多都是以古德在佛法参研之心得为根据,适应时机之教化而建立的。"佛世的诸乘,后世的诸宗,无非为了化度众生,应机说教。但是"佛之现身人间,应机说法,而听法传承之人,当即不免各有偏胜"(《优婆塞戒经讲录》)。印度的三期佛教,中国的大乘八宗,各有他的特胜,也就各有他的偏颇。所以专承偏宗,会造成高推自宗、鄙弃他宗的风气。鄙弃了一分,结果是削弱了佛教的全体。这点,大师曾明白说出:"中国尚禅宗者,斥除一切经律论义;虽若《宗镜录》遍录经论,亦但扬厥宗,鄙余法为中下。尚净土者,亦劝人不参禅学教,专守一句弥陀。贤、台虽可以小始终顿、藏通别圆位摄所余佛言,然既为劣机而说……学者又谁肯劣根自居,于是亦皆被弃。""有各宗而无整全佛教",鄙弃余法的结果,是"中国至清季,除参话头,念弥陀外,时一讲习者,亦禅之楞严,净之弥陀疏钞,及天台法华与四教仪,或贤首五教仪,附相宗八要而已。……空疏媕陋之既极,唯仗沿习风俗以支持。学校兴而一呼迷信,几溃颓无以复存"(《菩提道次第广论序》)。所以应时应机的宗派有他的价值,有他的适应,但如鄙弃余法,局促于宗派圈子,一定会利弊参半,发展到弊多于利。如禅宗与净土宗等,不能说没有特胜,只是由于鄙弃余法,结果削弱了中国佛教,弄到空疏媕陋的地步!了解这一理由,对于大师《中国佛学》的末后一章——《夺禅超教之净》,从蕅益学人以下,到近代印光大师的专弘净土,评为:"充其类而一转,大可成为在家净土之日本真宗";"殊有进为纯信弥陀他力之真宗可能,然尚期命终往生,而无真宗——信成已生,还化利他之行,则所短远矣”，才不会感觉奇突。

大师不愿为专承一宗一派的子孙，是从超越宗派的本源性，随机应化的全体性立论。大师这种意见，有点近于宗喀巴大师的说法。"福德资粮则人天俱摄，智慧资粮则声缘相协，律及经论皆所依止，仅取一分，不成菩提。虽未尝不别有最胜之归趣，而确定为皆摄入次第之过程。于是不没自宗，不离余法，而巧能安立一切言教皆趣修证。……余昔于佛学概论，明因缘所生为五乘共法，三法印为三乘共法，一切法实相至无障碍法界为大乘不共法。后于大乘本生心地观经，又曾说共不共通法为总要。粗引端绪，语焉不彰。今虽未能独崇密宗，欣睹三士道总建立之典要，乃特提出以申论之。"(《菩提道次第广论序》)大师的激赏宗喀巴的《菩提道次第》，因为他的三士道说，与大师一贯主张的五乘共法——下士人天乘、三乘共法——中士声缘乘、大乘不共法——上士菩萨乘，有着同样的意趣。所以在应机设化的方面，随机应化而不限一宗，如说："各宗派法门，皆可随人根机所宜而修学，藉以通达究竟觉海。所以本人观察佛法之五乘共法、三乘共法、及大乘不共法，原为一贯。在教理解释上，教法弘扬上，随机施设，而不专承一宗或一派以自碍。"(《新与融贯》)在贯摄佛法，起解成行的修学次第方面，则能摄一切佛法，条贯为："教之佛本及三期三系"，"理之实际及三级三宗"，"行之当机及三依三趣"，不舍一法而同趣大觉。大师的意趣如此，所以与局狭的宗派门徒不同。

大师对于佛法的看法，自己说有三期。第二期，就是"上不征五天，下不征各地"(《整理僧伽制度论》)的中国大乘八宗平等说。认为八宗的境与果都是平等的,只是修行方法有差别而已。所以说:"八宗既是平等,亦各有其殊胜点,不可偏废,更不能说此优彼劣,彼高此下。"(《我怎样判摄一切佛法》)大师当时确有促成八宗一致复兴的意图,所以对中国久绝的密宗,特别提倡得热心。不过,虽不能说八宗有胜有劣,然对各宗徒裔的固蔽,高推自己,大师也是从来不客气的,特别对那"男女混杂"、"僧俗颠倒"的密宗,更不惜引起长期的论诤。关于八宗平等,想提到两点:一、大师去世了,由于大师的伟大,八宗平等也时常被人应用起来。例如,如有人对宗派略有评论,就高举"八宗平等",认为不应该批评。等到转过身来,还是高推自宗,鄙弃余法的老调。这种办法,根本违反八宗平等的精神。二、八宗平等,还不是大师的晚年定论。

大师第三期的思想,系从欧美游化归来,才更明确地吐露出来。民国二十年八月,在北平讲《大乘宗地图释》,就讲到:"最近新创之世界佛学苑,其研究佛法之根据,又较吾昔根据华文者大有扩充。"大师的晚期定论,不是八宗平等,而是"教之佛本及三期三系","理之实际及三级三宗","行之当机及三依三趣"(《我怎样判摄一切佛法》)。这一晚年定论,约教法来说:归宗于佛本,虽同于前期,而三期三系,不再只是华文佛教,更扩充为以华文佛教为本,贯通简持巴利文系与藏文系佛教,成为世界性的佛教了。约理法来说,理之实际与三级三宗,已经是摄八宗为三宗,不再谈八宗平等,不再想八宗一致复兴了。约行法来说,行之当机同于前期,而三依三趣,不但条别行法的根本特性,而且明确揭示现代中国所应该弘扬的佛教,显出大师佛化运动的真正面目。可惜得很,大师在民国二十年后,虽多少说出,由于抗战军兴,一般人尤其是陷区内的佛教同人,多与大师此一思想脱节,所以胜利归来,在今日台湾,还有人在推仰大师的八宗平等。要知大师从欧美回来,对研究法就有重大的修正,大师已综合为"中国台贤禅净系",或"法界显密系",综合为法界圆觉宗,而说:"今后研究佛学,非复一宗一派之研究。当于经律论中,选取若干要中之要,作深切之研究,而后博通且融会一切经律论,成圆满精密之胜解。"(《大乘宗地图释》)"作一系一系的专门研究,才能专深精一,才能做到登峰造极,登堂入室。"(《世苑图书馆员之修学方针》)从此可见,大师的晚期定论,不专是中国文系的大乘八宗平等,不再是分宗研究,普遍发扬,而是会三大文系的佛教,统贯在五乘共法、三乘共法、大乘不共法——法相唯识学、法性空慧学、法界圆觉学的三大系。超出宗派而归于佛法一本,哪里是宗派徒裔所能想像的!

四　为什么不想"即时成佛"

"无求即时成佛之贪心",在大师宣示的意趣中,这是最为难解,最易引起常人疑毁的一项。因为发菩提心、修菩萨行,目的是为了成佛。那为什么不想快速成佛,而称急求成佛的为贪心呢?

这一意趣,还得从"不为专承一宗之徒裔"说起。大师说:"直溯释迦牟尼大觉心海的源头,……并非后来许多支流派别的传说。"(《佛学源流及其新运动》)印度传来的一切教法,大师是有深刻独到见地的,如说:"无上大觉海中流出来的教法,为了传持者及入世应机的各有偏胜,由迦叶、阿难等承持,则成初期小乘。由龙树、无著等弘传,则成中期大乘。由龙智、善无畏、莲花生等传承,则成后期密法。"(《新与融贯》)现今所流行的佛法,经典的传出,有着传承者根机的差别性,时间的先后性。初期小乘与中期大乘,大师以为:"一切经律,皆源本佛所宣说之声教,由佛徒历次结集而成。"(《佛法僧义》)有时说:"释迦佛陀时……方便说人无我的小乘法,适应当时思想的机宜……然佛陀同时与曼殊室利及弥勒等一二大心深智者,则直说其自证的法界。……五百年后,由龙树、无著等,发见了曼殊室利与弥勒等所传的佛教,成了印度大乘思想的发展时代。"(《佛学源流及其新运动》)《人生观的科学》也说:"释迦出世的本怀,见于华严、法华。其始原欲为世人显示人生真相,俾由修行信心,进趣人生究竟之佛果。……无如仅有少数大心凡夫,若善财童子等,及积行大士,若文殊、普贤等,方能领受其意。"这可见,显教大乘,虽遍通十方他界,有无数菩萨听受,而此土却仅是少数大心凡夫、深智菩萨所承受的。怪不得初期佛教成为"小行大隐"的局面。如来不得已而说声闻乘,末后又引令回心向大,实为迂回进入大乘的方便。第三期佛教的密宗盛行,大师的看法与前期多少不同,如说:"龙智菩萨等出来弘扬密咒,把通俗的印度风习都融摄进来。"(《我怎样判摄一切佛法》)"虽谓龙猛大士,依法身塔之象征,悟证法身,遂创真言秘密金刚法之开祖,亦无不可。……诸咒形仪,则固多随时随处收编世间所流行者,而不足深究也。"(《龙猛受南天铁塔金刚萨埵灌顶为密宗开祖之推论》)这似乎确认密宗为后起的,多杂有婆罗门等神(天)教内容。

从教典说,有着传承者的偏胜与因时因地的适应性,如上所述。如从教法说,释迦佛的本怀,原意在由人而直向佛道。"天与声闻、缘觉三阶段,乃由人不走遍觉的路所歧出之三种结果。"(《人生观的科学》)其实,天与声闻,还是要引向佛道。如依声闻(缘觉)行果及天乘行果而入佛道,就是大师所判的:第一千年,"依声闻行果趣发起大乘心";第二千年,"依天乘行果趣获得大乘果"。声闻行果的急求解脱,为第一千年的风尚。大师说:"禅宗出于第一期的末叶,附属于第一期。"第二千年的"代表者,是密宗、净土宗,是依天乘行果的道理。如密宗在先修成天色身的幻身成化身佛。净土宗如兜率净土,即天国之一。西方等摄受凡夫净土,亦等于天国"(《我怎样判摄一切佛法》)。声闻行果与禅宗,密宗与净土宗,都是急求趣证的,都属于不能由人而直向佛道的胜方便。不知道由人道而修信心,直向佛道,"正是佛教的真面目"(《人生观的科学》)。大师条析教史的发展,根性的特点,直探佛陀本怀,揭示出大乘佛法进修的直道、坦道。

大师抉择佛法的基本思想,经这样的简单叙述,才能明了大师"不求即时成佛"的意趣。大师说:"佛法原不拘限于现身此世为立足点,乃普为法界一切众生而发心。盖以佛法观察,一人与一切众生更互关涉,而一世界与无量世界亦相摄相入,如帝网之重重无尽。因此佛法不是为此一人生与一世界而起。"(《优婆塞戒经讲录》)大师此一宣示,说明了大乘法的真谛:菩萨发心修行,遍为一切众生,遍净一切国土,遍礼一切诸佛,遍学一切法门,遍断一切烦恼,遍达一切事理。……一切功德,都是尽虚空,遍法界,到达究竟圆满。如《华严经》说的佛果与菩萨行,是怎样的高尚、圆满! 所以经说:"如一众生未成佛,终不于此取泥洹。""地狱未空,誓不成佛。"不为自己,不求速成,表达了菩萨行的真相。一般看起来,释迦佛是即身成佛的,是"父母所生身,直登大觉位"的,但成佛岂能速成! 据释尊自白,是经三大阿僧祇劫行因而来。依龙树说,佛道实是无量无数阿僧祇大劫行因而成就的。大果当然不是小因所成,但佛道长远,菩萨道难行,非一般人所能承当。这样,佛陀的方便教,就不能不施设起来。

大师说:"释迦佛时,印度思想,是以个人解脱而得自我独存为风气的。佛陀处此环境中,……几乎无可宣说。然不说法,则觉世悟人之大愿无由得达,乃方便为说人无我的小乘法。"(《佛学源流及其新运动》)小乘是厌离心切,急求自身解脱的。经佛方便教导,于是四果圣者纷纷出现。佛被称为多陀阿伽陀(如来)、阿罗诃(即阿罗汉)、三藐三佛陀(正遍觉)。声闻圣者也称为阿罗汉,认为自己的究竟解脱与佛平等。这要到法华会上,佛才使他们知道:过去所证到的,只是半途的化城,不是究竟的宝所,宝所还在前途。经此声闻行果的解脱生死,不是无益的,因为不必再为自己的六道生死而忧心了。从此发心向道,直至宝所。一到大乘佛教时代,大家都希求成佛,不再求阿罗汉(这虽也是佛的别名,但在习用上,成为小乘偏证的果号)。然而,佛道长远,菩萨道难行。结果,佛果是希求到达,菩萨大行却不愿承当；佛法中的方便教，又有施设的必要了。

中国禅宗，自以为最上乘，直体佛心，以"即心即佛"、"立地成佛"为标帜。依大师的论判，"附属于第一期"。的确，"大事未明，如丧考妣"的急证倾向，清净无为的山林气息，都与声闻乘大同。而禅者坐亡立脱的作略，与阿罗汉自在舍寿的风格，也极为吻合。不过，声闻自称阿罗汉，与佛阿罗汉解脱平等；而禅者则自称成佛，与佛心心相印而已。禅者虽大抵近于"依声闻行果而趣向大乘"，但"由了达人生三真相，归佛法僧，信业果报，修十善行，厌取作，舍坏苦，以阶进佛乘者。……中国之少数禅师，若百丈、永明，及少数居士，若庞蕴等，颇得其真。然居极少数人，而为我今所欲极力提倡的。"(《人生观的科学》)百丈是适应时机，为"一日不作，一日不食"的实行者。永明是"万善同归"的禅匠。庞蕴为不废人事的居士。所以大师称誉为确能体得由人乘而直向佛道的真义。大师对禅宗是相当尊仰的，但真能直探佛陀本怀，依人生修十善行而进向人生之究竟，也只是少数人而已。

但是像法时代，人根转钝。有的觉得不但佛道长远，菩萨道难行；禅思精微，也不容易修证。如现身不能成就，一息不来，岂不又要轮回生死，茫无了期！所以，索性不求见真断惑，求生天国一般的极乐世界，做到尽此一身，不再退堕的往生净土法门。声闻是自以为究竟如佛，而不知是先在化城里休息安乐一下。净土行者，是知道往生净土，并非已经究竟如佛。但在诸上善人同会一处的良好环境下，终于要"见佛悟无生"，决定能趣向大乘而不再退失的。所以大师称誉为稳当中的稳当，等于保险法门。但有些人,觉得非成佛不可,而身命浮脆,学成不易,所以重视此血肉之躯,想把此血肉身,以修精炼气等秘密修法成天色身,依此天色身而进趣佛果。这些,都是希求佛果,而不愿承当菩萨的大行难行;不能即此人生,修十善行以进向人生之究竟,而企图急速成就。于是一心一意地求阿罗汉(佛的别名),求佛,而却转向声闻行与天行。虽然禅、净、密等,也有发菩提心的,但为了"求己利"、"求速成"的意欲所娆乱,菩提心行也多少打些折扣了。所以大师以凡夫身来学发菩提心,学修大乘行,坚决地放下那"即时成佛的贪心"。

无论为依声闻行果,或依天乘行果以向佛道,佛法的殊胜方便,都是大有利益的。如证入声闻罗汉,生死已了;或真能明心见性,真能往生净土,真能修成天色身,即使没有成佛,也不会再为生死升沉的苦迫而担心了。然依教理说:声闻回心向大,由于自利的积习深重,悲愿不充,进修远不如直入大乘道的迅速。如净土极为稳当,但据《大阿弥陀经》说:净土修行一劫,不如秽土修行一日。可见在净土的趣向佛果,反而比秽土修行的稽缓了。密乘的成佛,虽未见缓成的教说,但《大日经》说:"劣慧所不堪,且存有相说",可见修风修脉,男女双修,也只是方便引导而已。希求成佛的,不是厌离心深,便是贪嗔习重(密);不是专为自己,便是偏重此生,这才急求稳当。佛是阿罗汉,我也要成阿罗汉;佛是佛,我也要立即成佛。一心想成佛,而不顾佛陀因行的遍为一切众生而发心。于是求稳当,求速成。稳当了些,却不知道走了迂回的歧道。俗语说:"欲速则不达","大器晚成",可作为急求成办者的座右铭。

为佛道长远、菩萨道难行而退心，或不欲退失而求速成，都是病在专为自己、专重现在，请听大师的开示："发心修学佛法者，应不为空间所限，宜超出一切时空，涉入一切时空。于佛法如此理解，即能自悟悟他，精进不息，无庸拘定要即此身成佛。盖成佛不过自悟悟他而已，菩萨行满，佛陀果成。但勤耕耘，自能收获，何需刻期求证？因为刻期追求，大抵为满足虚荣心所驱使。而着相拘求，非仅心量狭小，且未免反增烦恼耳。佛法中虽有为接引一类夸大之众生，或激发一类懈怠众生，施设即身成佛、立地成佛等假名，但本人提倡发长远心，修自悟悟他行，不怠不息，而不以此类假名而掀起刻期求成之贪心。"(《新与融贯》)

五　"学菩萨发心修行"之真意

经过了三类的简别，大师对于佛法的意趣——"为学菩萨发心修行者"的真意义，才能明确地认识。大师所说的学菩萨发心修行，是直探释迦的觉源——佛的人间成佛，施设教化，实以人类为本位的，要人直从人乘以进趣佛乘的。而天与声闻、缘觉，只是不肯趣向大觉而分出的歧途。如佛灭一千年，依声闻行果而趣大乘；佛灭第二千年，依天乘行果——天色身，天国土而趣大乘。虽一样地称为发菩提心，修菩萨行，而都是不见释尊人间设教的本怀，不能依人生修习十善，完成信心，直趣于人生究竟的佛果。所以着重自己，着重现生，与"普为一切众生而发心"的菩提心行，要经极长时期，才能圆满不合。

依声闻行果、天乘行果而趣大乘，为佛法的胜妙方便。佛菩萨的慈悲设化,使无量数人发菩提心,护持信心而不致退失。所以并不因迂曲方便而是可訾议的,反而是应该赞叹。但到现在,虽然"一二期的根机(真能现身证声闻果、现身成天色身、死后生极乐国)并非完全没有,不过毕竟是很少数了"。而且,"依天乘行果修净密……就最近的趋势上观察,修天乘行果这一着,也不适时代机宜了"。又说:"依声闻行果,是要被诟为消极逃世的;依天乘行果,是要被谤为迷信神权的。不唯不是方便,而反成为障碍了。"(《我怎样判摄一切佛法》)这样,大师从上契佛陀本怀,下应时代机宜的立场,抉择而提示了"依人乘行果趣进修大乘行"的法门;这也就是大师所说"学菩萨发心修行"的意趣所在。

大师的学菩萨发心修行有两大特色:一、融贯佛法,二、渐次趣入,这是针对宗派徒裔与即时成佛的。兹录《新与融贯》的解说:"本人……认佛法中的五乘共法、三乘共法及大乘不共法,均一贯可达到究竟圆满之觉海。凡能贯通五乘三乘及大乘教法而发菩提心修菩萨行者,便是菩萨。所以本人在佛法中的意趣,是愿以凡夫之身,学菩萨发心修行。……本人还不能如菩萨那样发心修行,现在是学菩萨的发心,学菩萨的修行。……今人不知此义,每每稍具信行,马上心高气傲,自命成佛。不知少分之学发菩提心学修菩萨行,尚未做到呢!……经十千大劫修六度万行,才为真正初发心菩萨。……所以本人亦为愿学菩萨真正发菩提心,而修六度万行者。"

大师的学菩萨发心修行,从适应时代而施设教化来说,即是"人生佛教"。是着重于发心修行的立场,着重于人乘行果而趣入大乘行的。《即人成佛的真现实论》,有过综合的说明:"(释尊)正转之法轮,端在修超欲界之梵行——戒定,证出三界之涅槃——定慧解脱。此因应受佛化之众,善根深厚,机感殊胜,一唱善来,即成比丘,一悟法要,即成罗汉。而大乘菩提行果,则再依出三界涅槃为基址,大而化之,胜进而究竟之,此观之法华所开显者,固甚彰彰也。……龙智等兴行密教,旨在修神仙咒术行,成欲界天色身。……设非菩提心、般若慧,则失其成佛之方便。……然虽盛流于印度、藏、蒙,而汉族则格于原有之礼教化,传入而不受行。历梁、陈、隋、唐而变通者,别成禅宗、净土宗。禅宗的悟心,上追梵行涅槃;其寄身于自耕自食的农林生活,即下启末法期的人间佛教。净土宗传日本,再变为真宗,弥切合人间生活。而暹罗、缅甸、锡兰等,传初五百年佛教余绪,溥周民众后,亦成善信男女通俗教化。而像法期密教,印度灭于回教之侵入;西藏……失帝王护持,则亦将由无民众基础而致隳堕,外蒙即其前车之鉴。由此种种,故正法期超欲梵行,像法期即欲咒术,皆将退为旁流。而末法期佛教之主潮,必在密切人间生活,而导善信男女向上增上,即人成佛之人生佛教。锡兰等地律风,虽有切近人生者,然侧尚离欲出世,对人世资生物用及人群治理救济,均鲜积极的心行。西藏密宗对资生济众,虽较有积极精神,然以习修欲界天身而迷信多神,甚违近代思想。日本真宗似为开末法人生佛教之最前进者,然托弥陀净土安心,又何若直指人心、见性成佛的唐代禅宗更切人性!唯亦嫌侧重唯心,而绌于利物治生耳!然主唐代禅宗并辅锡兰律行以安心立僧,主日本真宗并辅西藏密咒以经世济生,庶可为末法时期集起人生佛教之要素矣。故应易'直指人心,见性成佛'为'直依人生,增进成佛',或'发达人生,进化成佛',是名即人成佛真现实论。"这可见,大师是尽摄过去佛教——各时代、各地区、各宗派的精华,使发达人生,进化成佛,而符合于佛法的真面目。在自行方面,大师是重视律仪、教理、禅观,作系统的学历程序。对依律的集成清净僧团,依禅以彻证心源,依研究教理——三级三宗而获得佛法圆满之贯达,随时流露出赞美的法音。然在大师的菩萨心行中,这是发心修学的一贯程序,而不是分宗裂派,高推自己而鄙弃余法的。这一学程的修学——依律仪、明教理、悟心地,便是大师理想的僧伽教育,大师理想的菩萨学处。但大师又重于入世利济,在这点上,觉得日本真宗与西藏密宗也有可取的地方。菩萨学处的修学过程中,"或为僧,或还俗,皆可听自决;而还俗即可为入工、农、商、学、军、政各界之佛教信徒"。"住僧的出家菩萨,可随缘改良各处僧寺。其还俗之在家菩萨,可深入各种社会,以为本佛教精神、施佛教教化之社会改良家。"(《即人成佛的真现实论》)依人乘行果以趣进修大乘行,就是从此菩萨集团而达成。如失去佛化的经世济物的大用,律仪、教理、禅观,都不能完成人生佛教的理想。所以"人生佛教之正体,保持于菩萨长老僧;而人生佛教之大用,则寄托于社会改良家也"(《即人成佛的真现实论》)。

大师的建僧运动,看作整兴佛教,发扬佛教来救世界的中心工作。最初是着重于整理僧伽制度,晚年则代以菩萨学处。菩萨学处,通于僧俗,但佛教的主体,还是如法清净的菩萨僧。无论从建僧,从人生,从救国救世界,在大师初出关时,对密宗曾有过异常热心的提倡。但后来，认为像法时代的天菩萨行，是不应机了。因为从密宗的应机来说："密宗原以应化非人的天龙八部之佛教为主；而八部中，尤以药叉部为主。依此密咒部之特要部而发展，佛亦成为药叉部之佛。……印度之求长寿，修五通者，大抵皆修药叉法。而中国道教之丹鼎符箓诸术，亦药叉法之流耳。知密咒乃八部众或药叉众为本位之佛教，则知其仅可为人间佛教（即人生佛教）之助行也。"（《论时事新报所谓经咒救国》）

大师在佛法中之意趣，非研究佛书的学者，是反对非学佛的研究态度。不为一宗的徒裔，是探佛本源，总贯各时代、各地区、各宗派的佛教，成为进入佛道的修学过程；反对偏宗的削弱中国佛教。没有求即时成佛的贪心，正是本于依人生增进而直趣大乘行的佛道；也因此而超脱了声闻行、天行的专为自己、专重现在。这样，大师正面地吐露其意趣，即学菩萨发心——发长远心，发广大心，学菩萨修行——六度、四摄。也唯有依人生增进而进趣佛乘，才吻合佛心，适应时代，这就是"人生佛教"，"菩萨学处"。大师的心行，归结于这样的偈颂——"众苦方沸腾，遍救怀明达。仰止唯佛陀，完成在人格。人成佛即成，是名真现实。"

二五　略论虚大师的菩萨心行

　　虚公大师上生已二十周年了。平时不能本着大师的悲愿，继承大师的思想与事行，而使之发扬光大，徒然在这二十周年，随顺俗套，来一次纪念性的文章与集会，这到底算什么呢？至少，我有这样的感觉。

　　为什么不能本着大师的悲愿，继承大师的思想与事行而努力呢？对我来说，这是很难说的。记得民国三十三年春，为了《印度之佛教》，曾写过一篇不愿发表的文章——《无诤之辩》，寄呈大师（文存汉藏教理院图书馆）。文中说到："大师是峰峦万状，我只能孤峰独拔。其实，这也是峰峦万状中的一峰呢。"虽然大师是不会遗弃此一峰的，但到底不足以代表峰峦万状。我深受大师思想的启发，对大师也有某种程度的理解，但自己为宿习所熏的根性所限，即使向往有心，也不可能成为大师那样的菩萨。大师太伟大！心胸阔大，眼光深远，是不容易学习的，这岂止是我而已！

　　为了纪念大师，赞扬大师，曾为泰国龙华佛学社写过《向近代的佛教大师学习》，举出大师的三特德："对救僧护教有着永不失望的悲心"；"对人事、对教义有着无限的容忍"；"对佛教有着远见与深见"。大师上生十周年，又依据大师的自述——"本人在佛法中之意趣"，而对"非研究佛书之学者"，"不为专承一宗之徒裔"，"无求即时成佛之贪心"，"为学菩萨发心而修行者"，有所申述赞扬。我觉得大师的伟大，超越常人而值得赞扬学习的，重点已赅摄无遗了。现在还有什么可多说的呢？然而二十周年到了，既不能行，又无多话可说的我，还得拈起"为学菩萨发心而修行者"来赞扬一番！

虚大师五十初度诗说："我今修学菩萨行，我今应正菩萨名，愿人称我以菩萨，不是比丘佛未成。""愿人称我以菩萨"，正是吐露大师"为学菩萨发心而修行者"的真实意趣。一般来说，中国是大乘佛教，而且是最上一乘，那当然都是修学佛乘的菩萨行者了！但在大师看来："中国佛教教理是大乘，而行为是小乘。"（《从巴利语系说到今菩萨行》）这句话，也许是故意抑扬，不一定能为别人所赞同，但大师心目中的"为学菩萨发心而修行"，显然是有所不同了！从大师的遗教去研究，觉得大师的菩萨发心修行有两大重心：

第一是"人"：佛法虽普为一切众生，而"佛出人间"，教化的主要对象是人。以人的行为、趣向，说有人乘、天乘、声闻（缘觉）乘；又在这上面，应机说教，而有人菩萨行、天菩萨行、声闻菩萨行——菩萨（佛）乘。佛法虽因机而异，而不可忽忘的，这都是就人类的信行而安立的。其中，不杀、不盗等五戒、十善，是人生正行，实行这人类正常的道德生活，能招感人的果报，称为人乘。天行呢？一般是重鬼神祭祀（古代犹太教、婆罗门教、道教，都是这样的），禁咒巫术，敬虔慈爱，高深的是遗世贵我，调炼身心——禅定。如人而修习这种信行,能感浅深不等的天报,名为天乘。这些都是世间常法。超胜世间的佛法,特质是:在这人天善行——也就是戒与定的基石上,深修观慧,智证真如而得大解脱。这是从听闻佛的声教而修证的,所以名声闻乘。本来,声闻乘的在家者,是基于人行的;出家者是出发于深的天行。但在佛教的流传中,出家众为中心,因而声闻乘被看作遗世(入僧)而专修禅慧者的专名。

　　以成佛为标极,以学菩萨发心修行为方法的,是菩萨乘(佛乘)。菩萨乘的特质在:一切智智相应作意(菩提心),大悲为上首,无所得(空慧)为方便;或菩提心为因,大慈悲为根本,以方便而至究竟。这样的发心以趣入佛乘,虽是一样的,而由于本习的心行及发心而起行来说,因时因地因机而不同。统摄起来,不离于人行、天行、声闻行——三大类型。

　　一、如遗世独善,少欲知足,专修禅慧,是声闻行;依此而回入大乘的,是依声闻行的菩萨。虽然回心向大,而由于自利、禅悟的偏重,大都是"智增上菩萨"。以智慧的体证,或深义的阐扬,为自行化他的重心。印度佛教中五百年的出家菩萨,大抵如此。中国台、贤、禅宗大德,也不离这一特色。

　　二、祭祀、咒术、禅定是天行,依此而趣入大乘的,是依天行的菩萨。大师以为:"如密宗在先修天色身,……净土宗如兜率净土……西方等摄受凡夫净土,亦等于天国。依这天色身,天国土,直趣于所欲获得的大乘佛果。"(《我怎样判摄一切佛法》)这样的根机,大都是"信愿增上菩萨"。

　　三、如基于五戒、十善,发心而修六度、四摄,是依人生正行的菩萨,这大都是"悲增上菩萨"。大师深入大乘,在(民国十三年作)《人生观的科学》说:"人乘法,原是佛教直接佛乘的主要基础,即是佛乘习所成种性的修行信心位。……释迦出世的本怀,……原欲为世人显示……由修行信心,进趣人生究竟之佛乘。……无如仅有少数……能领受其意。其余大多数……如聋如盲,不能同喻,为适应此印度的群众心理",不得已而说人、天及二乘。在大乘法的应机开展中,大师统为三类,而探求应时应机的佛法,在(民国二十九年说)《我怎样判摄一切佛法》说:"到了这(现在)时候,……依声闻行果,是要被诟为消极逃世的。依天乘行果,是要被谤为迷信神权的。不惟不是方便,而反成为障碍了。所以在今日的情形,所向的应在进趣大乘行,而所依的,……确定是在人乘行果。"大师以为:依佛陀的本怀说,依应时的妙方便说,决非独善的、神秘的菩萨行,而是依人乘行而进趣佛乘的菩萨行,这就是大师倡导的"人生佛教"。

第二是"行":广义地说,身口意的一切活动都是行。约特义说,行为是表现于外的,表现于对人(对鬼对神对佛菩萨)关系的。声闻行(一分天行)重理证,有厌离的倾向,由此而来的菩萨行,不免重理悟而缺事行。虽可以自心的境地,解说六度、四摄,无边供养,普利众生,不妨"自得于心",但在现实的人生社会来看,还是重于自利的。同样的,天行重祭祀、咒术、禅定,依此而来的菩萨行,不免重于宗教仪式,持咒、修定,修精练气。虽在崇奉者的经验觉得神妙无比,而在一般人心看来,到底是流于神秘迷信。我国号称大乘,而多数确乎是这样修行的。那怎能契合佛陀的本怀,适应现代的人心呢! 大师重于行,重于人行,在民国七年,发行《觉社丛书》(《海潮音》的前身),就明白宣告"立人之极,建佛之因",而有"期以人的菩萨行心行——无我、慈悲、六度、十善——,造成人间净土"的理想。针对一般的缺乏事行及偏于天行,曾大声疾呼地宣告。在(民国十年作)《行为主义之佛乘》中,说得最为恳切。如说:"从来,吾人为佛教徒者,大都只知以享受福乐或静定理性为果。……无论或重'理解',或重'证悟'到如何圆妙,都只空理,不成事实。……或则但认一句'禅谜',或则但守一句'佛名',或则但以佛的经书、形像、数珠、木鱼、蒲团等项为佛事,而不悟盈人间世无一非佛法,无一非佛事。"又说:"吾确见现时学佛的人渐多,大都迷背佛乘,不修习佛之因行……反厌恶怠惰,其流弊将不可胜言!……要之,凡吾人群中一切正当之事,皆佛之因行,皆当勇猛精进积极去修去为。废弃不干,便是断绝佛种!"

　　大师于一切佛法融会贯通,但决非台、贤式的圆融。在理论上,虽倡导八宗平等,及晚年所说的三宗平等,而实际是遍摄一切佛法精要,而在无边法门中,抉示出以人乘正行直接佛乘的菩萨行为主流。如忽略了这,或背弃了这一根本,那即使八宗、三宗,胜解深悟,也不过是"都只空理,不成事实"的玄谈。在大师无边善巧的言教中,这才是大师的深见所在;唯有理会这根本的深见,才能窥见大师的伟大!

　　这一深刻的正见,在大师是彻始彻终的。早在宣统二年(二十二岁),就说到:"善学佛者,依心不依古,依义不依语,随时变通,巧逗人意。依天然界、进化界各种学问,种种艺术,发明真理,裨益有情,是谓行菩萨道。"菩萨道实现于现实人生社会中，就是大师阐扬的菩萨行了！到晚年（民国二十九年）在《我的佛教改进运动略史》中，对于整理僧制，议建"菩萨学处"，为模范道场，说到："六度、四摄，是一个纲领。从具体表现来说，出家的可作文化、教育、慈善、布教等事业。在家的……在家菩萨，农、工、商、学、军、政——各部门，都是应该做的工作。领导社会，作利益人群的事业。"又在《从巴利语系说到今菩萨行》中说："今后我国的佛教徒，要从大乘佛教的理论上，向国家民族，世界人类，实际地去体验修行。……本着大乘菩萨的菩提心为主因，慈悲为根本，实践方便的万行，发挥救世无畏的精神。……总之，我们想复兴中国佛教，树立现代的中国佛教，就得实现整兴僧寺，服务人群的今菩萨行。"

大师的那种作略，正如他自己所说："从人类的思想界，为普遍的深远的观察，了知佛学的全体大用，向来犹蔽于各民族（印度也在内）的偏见与陋习"（《佛教源流及其新运动》），而想打脱尘滓，展现佛法的真面目，以利益人生。这不是研究佛书而来，更不从某宗某派中来，而是从最深远最普遍的体会中来。是大智慧！大气魄！大作略！

想赞扬大师，纪念大师，学习大师，不从这"学菩萨发心而修行"的"人生佛教"、"即人成佛的真现实论"、"今菩萨行"去着眼，就不免摘叶寻枝，甚至要误解大师了！

二六　悼念守培上人

　　镇江玉山守培上人,为江苏僧界一致尊敬的师匠。他先参禅,继而主持寺政;退居而后,才进而专研教义,弘宣教法。他能诗,能书,能画。淡泊精进,戒行严净,数十年如一日。他不但是江苏希有的僧宝,实在是近代中国佛教界一位不平凡的龙象!最近,听说已经去世。耆旧凋零,关心佛教而与守老相知识的,都会同声慨叹——后学失却了典型,佛教减失了光辉。

　　我与守老,相见仅二次,都不曾深谈。然从文字因缘,发见他有着自家的见地时——虽然彼此的距离很远,但对他的敬意,随着时间而不断增长。民国十四五年,在《海潮音》上,读到他的《一心念佛即得往生论》。守老的思想近于禅。他认为信、愿、行(称名念佛)三者,为钝根人全用,为中根人不定用,上上根人全不用。就是说:真是出格的上上根性,不需要信、愿、行,只要能契入一心念佛,便能往生。这对于一般弘传的称名念佛、三根普被说,是相当不同的,所以引起一位专心净土的王居士出来痛加批评。守老又给批评者批评一番,真是纵横扫荡,勇不可当!我当时还没有出家,不能辨别,更不知双方何以有着如此相反的立场,但对于守老的论文,有着良好的印象。

　　民国二十年，我到了闽南；我对于守老的印象，受了师友们的影响而变了。他曾与象贤法师诤辩唯识空有，对唯识宗采取敌对的态度，尤其是解说唐玄奘大师的《八识规矩颂》，而不依奘公所传的唯识学，照着自己的意见而强解一番，使人不能同情。同学们虽尊敬他的操持，但大都称他为外道——知见不正。说到这里，不能不说到近代佛教思想界的一度激荡。玄奘大师传入中国的唯识宗，元明以来，可说完全被轻视了。华严家判它为始教，天台家判它为别教，禅宗把它看作名相之学，净土宗更反对它的"别时意趣"说。唯识宗，只是被引用为贬抑的对象，或依据自宗理论说它只道得一半。奘公艰苦地从印度传来的唯识学，不但是被轻视，简直是被歪曲了。清末民初，佚失了的唐代的唯识章疏，一一流回我国，唯识学才开始了一种复兴的机运。这主要是南欧（南京支那内学院欧阳渐系）、北韩（北平三时学会韩清净系）的功绩，二梁（梁启超与梁漱溟）也给予很大影响，唯识学才引起了当时学界的重视。然在传统的中国佛教界（台、贤、禅、净），影响是并不太大的。大乘佛教思想，有着不同的思想系统。唯识宗被委曲了，忘记了，倒也罢了，等到唯识宗小露光芒，即不能免于诤论。民国十一二年间，欧阳渐讲《唯识抉择谈》，以《起信论》的从无明而起三细六粗说，与数论外道的二十五谛说相比配。梁启超作《起信论考证》，否认《起信论》是马鸣所作、真谛所译。接着，内院的王恩洋作《起信论料简》，明白否定《起信论》的教义。当时，还有《楞严百伪》一书，逐项指证《楞严经》的伪妄。这样，佛教界的激辨是免不了了。一般维护《楞严》、《起信》的，大抵本着旧有的见解，自我解说一番。

唯有太虚大师,本着融贯原则,认为唯识学虽好(与台、贤、禅者不同),《楞严》与《起信》也不错(与内院不同)。此外,以反唯识学的姿态而出现的便是守老了。起初,梅光羲作《相宗新旧二译不同论》,以奘公的唯识学(新的相宗)为正。守老写一长文,一一地辨正,认为旧的相宗(地论、摄论)都对,新的相宗都不对。不但说玄奘不对,窥基不对,更说"护法妄立有宗",连世亲菩萨也有问题。我在大家不满守老的气氛下,写了一万多字的驳论,发表在《海潮音》。我是为唯识宗作辩,所以解说为:旧的都错,新的都对。我与守老,就这样地结下一段诤辩因缘。

　　廿一年秋到廿五年夏,我大部分时间过着阅藏生涯。一方面,圣华同学为我称叹守老的德操,一方面,逐渐了解到佛教思想的系别。对于相宗新旧之争,开始一种新的看法,觉得这活像两位近视眼,仰读"文廟"而互争"文朝"与"又廟",纠缠不清一样。我与守老的诤辩,空热闹一场,回想起来,当然是多余的了!然我对于守老,读了他几本书,知道得更多一点,生起一种更良好的印象。觉得守老是直从经典中探索得来,他是有所见的,是笃于所信,忠于所学的。他不像一般人,照本宣扬地背诵古人语句,却看作自己的佛法。守老重于《楞严经》及《起信论》,然并不附和一般《楞严》、《起信》的注疏。他对佛法有一整套看法。认为佛法只有大小乘:小乘有顿(缘觉)有渐(声闻),大乘也有顿(如来)有渐(菩萨)。对于修行阶位,断证位次,也成一体系。他本着这样的教判,不客气地批评华严五教、天台四教。世界佛教居士林首次请他讲经,他讲到判教,便痛斥华严五教与天台四教的谬误。上海一向是天台(也兼弘贤首)的化区,当然有人提出反对，认为不行。守老却表示得很坚决：请我讲，就是这样；不这样，就可以不讲。这种忠于所信，不计毁誉的精神，是怎样的值得赞仰！

廿五年秋，我到镇江，在玉山超岸寺住了几天。由寺主雪松的介绍，我向守老敬礼。慈和严肃的气象，增加我不少的敬意。他对于数年前不客气批评他的后学，没有丝毫芥蒂，慰勉了几句。我在超岸寺为学僧讲演时，他就坐在讲堂的外室静听。可见守老所净的是法义，而没有想到对方是谁；并非为了对人，而找一些法义来批评。

抗战期间，我与苦读《瑜伽》、《阿含》的雪松法师共住汉藏教理院数年。雪松是蕙庭的法子，蕙庭是守老的法子。但蕙庭曾与内院有关系，雪松又特重唯识，所以很尊敬内院系的王恩洋，尤其是注重《阿含经》的丘晞明。谈到守老，当然是称之为外道了。不过我那时却劝他含容，佛法可以论浅深，辨了不了义，可以据思想的递演而观其变化，却不能以一家之学而否定别人。何况守老是空诸依傍，直探经义，而能卓然成家的呢！

卅五年，我在武昌出版了《摄大乘论讲记》，对相宗的新旧表示一些见解。我认为：无著世亲学本身，就有不同的说法。例如《摄大乘论》等，着重"一切种子阿赖耶识"，一切依识种起，即成"一能变"说。《成唯识论》等，着重"现行阿赖耶识"，依心起境，当然是"三能变"了。我特地寄一部给守老，守老回了一封信，还附了一张精密的表——关于三性、真妄、八识等，都总含在内，表示他自己的意见（信由守老徒孙隆根转交）。他的见解，大体偏依真常论，与我承认大乘可有三系而重性空，当然是不能一致的。我还是答复一信,表示愿加以研究。

末后一次的法义辩论,是由我的《中观今论》而起;守老批评我的"中道的方法论"。中观与唯识,都是注重闻思熏修的,都是以分别抉择的观察慧,导入无分别智证的;与《起信论》等的修法并不相同。守老的解说中道,引用了"不偏之为中","未发之为中",也许是受着中国文化的影响吧!我只作一简短的答复,载在《中流》,说明我所宗的中道,是依经说:"离此二边说中道,所谓此有故彼有"等——依缘起而明中道。所据不同,意见也难得一致了!

三十六七年时,守老的《大乘起信论注疏》,已经付印流通。《楞严经》的注疏,由于印刷厂的无信用,一时无法印出,不知后来如何!这两本书,该是守老的得意作品了!四十一年(?)在香港时,看到守老最近作品,最近印行的新书——依据《起世因本经》等,叙述佛教的宇宙形态与众生的活动情况。他不管大陆是什么情形,不管什么叫唯物论,相反地宣说这"业感所成"的佛教旧说。守老的笃信精神,无畏精神,真使人肃然起敬!

在近代佛教界,能提供自己的见地,据我所知的,虚大师而外,便要推守老;虽然他俩的思想风格,相差都很远。一位佛教的思想家,一位敢于向旧有佛教提供不同见解的勇士,一位被江苏僧界所推重的僧宝,在这个时代去世,这对于持有不同见解,结过两次论辩因缘的我,感到了莫大的悲哀!

谨向守培上人,遥致无限的敬意!唯愿以此论法因缘,生生世世,常在佛法的真义中,互相发扬问难,共向于无上菩提!

二七　悼法舫法师

　　港九佛教四众同人,在这寒雨霏霏的日子,共同来追念这一代佛教名德——法舫法师,情形倍觉凄其!依佛法讲,有生必有死。一个人活着的时候,所作所为的都能够保证自己的前途。所以死是一期生命的结束,不论你愿意不愿意,都势必要到来的,本没有甚么可以悲恸的。不过在这佛教衰颓,社会苦痛到极点的时候,大家齐集一堂,追悼法舫法师,确实是后死者应有的表示。法舫法师的一期寿命,虽然是结束了,然而他是延续的,不是没有了的。我们以敬崇之意,追念法舫法师的功德,想法师在兜率天中,也必定是感奋的!

　　关于法师的事迹和纪念的意义,陈静涛居士等介绍得很清楚了。我在这里想说的,即刚才道安法师所说,太虚大师门下四杰,对于印顺不免赞誉过甚!如道安法师所举的几位法师,在太虚大师门下,都是我的前辈。我出家的年代浅,所以是不敢当的。太虚大师的门下,人人都想学大师。但我觉得,大师的伟行壮志,面面充实,是很不容易学的。我们虽也算跟着大师修学,然自己所学的,都不过一分,或似是而非的。法舫法师,无论是在思想上,作风上,可算是学习大师学得最多一些的人。每逢人们谈到太虚大师以后,何人能继起领导佛教时,大家就觉得大师是各方面都充实的人,要想找一个面面充实的人来继承大师,那是没有的! 不过都希望法舫法师,能再多经历几年,能对于佛教负起领导的责任。没想到这样早就去世了! 站在同门的立场,觉得是很悲恸的! 对于中国佛教说,也是莫大的损失!

学习太虚大师的人,少有能学习得像大师一样的,但真肯学大师的,有一点却都是相同的,即大师以为佛教是整个的,不过为了适应各时各地的根机,所以佛法才有所谓大小显密等的差别。真正地说起来,佛法是不能分割的。所以大师曾经说过:"我不是一宗一派的学者。"如法舫法师、法尊法师等,都是站在佛法上来修学的,大家都想尽可能地多学一点,都不能硬性地说他们是某一宗的学者。有时碰到人问我:"你是学那一宗的?"我每感到无言以对,因为自己确实是说不出究竟是学甚么的。我们觉得,一切佛法,若大若小,若显若密,若中国,若西藏,若日本,以及其他各地方的佛教,都是应该修学的。过去是文化封锁的时代,所以才有各地不同的佛法。今后的世界,是天下一家的大同世界,各宗各派各时各地的佛法,都是应该学习的。因此,法舫法师近年来专攻巴利文系的佛法,也有些当教抑扬。然有人说他是学小乘的,这决是不符事实的。从他的思想作风来说,他是大乘而决非退拘小乘的。

其次,我们今日在这里追悼法舫法师,要知道太虚大师是以上升兜率内院,亲近弥勒慈尊为目的。法舫法师是追踪大师的,当然上生兜率是他的目的。现在希望四众同仁,以至诚心,回向祝愿法师上升兜率内院。但是现在距弥勒菩萨下生的时劫还很远，在这遥远的时空里，也需要预先为弥勒菩萨的下生作些准备。因此希望法舫法师觐见了弥勒以后，早日回到人间来，在这苦痛的世间，多给众生一些安慰！

二八　我对慈航法师的哀思

　　一九五三年五月六日晚上十时,汐止弥勒院播出动人的哀音——慈航老法师突以脑溢血在法华关中逝世。慈老的逝世,对于中国佛教界,损失实在太大！在佛教同人的哀悼声中,大家相见,都不免有"众生福薄,佛教不幸"的慨叹。

　　对于中国的佛教,慈老有不朽的功绩,这一功绩将永远地遗留于佛弟子的心坎。慈老是至性人,由于至性,所以为法为人,都流露充沛的热情。在大陆巨变后,慈老受请,从星洲来台湾弘法。当时,僧青年纷纷来台,因人地生疏,食宿为难,慈老起来普遍地摄受他们。在他看来,大陆佛教已土崩瓦解,复兴佛教的责任,何等艰巨！今日仅有的佛教青年,即是他日复兴佛教的法将。为了青年大众,他不怕人毁谤,不怕人误会,呼吁兴学,到处设法。这种为法真切的热忱,到底感召了汐止静修院的达心法师、佛门护法赵炎午长者等,为他发起筹建弥勒院,成为中国佛教青年的大集会。听说,房子没有完工,青年们背着衣单先来。这里面,僧青年有着无限的酸苦,而唯有慈老能给以无限的温暖。慈老赤手空拳,胆敢负起摄受青年、培养青年的责任,这不是别的,只是从内心流出为教为人的无限热忱。在火热的责任感之前,但知道应该如此,不会多考虑能否如此的。这一伟大的功德,没有力量的不敢做,有力量的不肯做,而唯有慈老敢做、能做。放眼于今日中国佛教界,这是没有任何人可及的。几年来讲学不辍,到底为佛教保养了多少青年,培植了复兴佛教的佛种。佛印禅师说过:"三世诸佛,皆是至性中人。"确实如此,大乘的精进无畏;大乘的遍度众生,广学法门;大乘的广大如虚空,无厌足如大海,一切都要从至性热情中流出。谁说菩萨行者是阴沉、虚伪而冷酷的呢!慈老的美德太多,而最可宝贵的,没有比这更可贵。我想,多年亲近慈老的青年,一定会深受感化,深深契合于慈老的精神。将这种真诚剀切的为人为法精神,扩充而发扬起来,将是复兴中国佛教最有力的保证。

慈老游化南洋多年,南洋等于他的第二故乡,拥有不少真切的信徒。最近,"中国佛教会"拟组"东南亚佛教访问团",请慈老出关来领导。这是最适当不过的,对于国际佛教的促进合作,加强佛教世界的大联合,一定会有非常良好的贡献!哪里知道,正在大家的仰望中,慈老却去世了!这对于佛教,对于国家,除了"众生福薄,佛教不幸"八字而外,还有什么可说!

慈老的遗偈说:"去去来来,永无休歇。"遗训徒众说:"如有一人未度,切莫自己跑了。"这是他为法为人无限热忱的自白。谁说慈老去世了!他永不会离开人间,他将永在人间,予人类以无限的温暖!

二九　怀念长老·想起佛教

　　大陆传来消息，当代的禅宗巨擘——虚云长老，已经在江西的云居山舍报。这一消息，在人海的心潮中，无疑地会激起壮阔的浪涛。

　　虚云长老是一位了不起的大德！他在高旻寺茶杯落地时，顿断疑根，彻悟本来，从此优游圣域，随缘益物。"前后修举废坠者，大小数十寺"；"皈依门下弟子，中外百数十万"。云长老的自利利他，福德慧德，是这样的殊胜！去世的消息传来，香港与台湾的众弟子，为他修建盛大的法会。"中国佛教会"发起了隆重的涅槃会。大众对他的怀念，又这样的热烈！云长老的一生，真可说至德盛业，了无遗憾。用不着悲哀，也不容易赞叹。用凡庸的口舌笔墨来称扬他，也许是画蛇添足。

　　在这佛法衰微、世道险恶的今日，听到云长老去世的消息，倒不免引起了几多的感触。从佛教的兴衰来说：云长老的弘法利生，成就是这样的伟大！他的得力处，懿德高风，应该值得佛教界的借镜！云长老是教演华严的，但宗在禅门。在禅风扫地的现代，使我们还多少想像到一点，也许就是幸有云长老一人。他的深入禅慧，姑且不论。他的精苦淡泊，百年如一日。他总是

"一笠，一拂，一铲，一背架，一衲随身"，进山如此，退院也还如此。一切为了常住，不图自己。这是出家本色，但在近代，尤其是位居领导的大德们，就很少这样的了。长老到处修复废圮的古刹，领导大众，搬砖担土，坐香参究，二时课诵，半月布萨，保存了古代禅门的风规。尤其是随缘修复，又随缘交托，毫没有居功归己的私意。至于忘身为法的精神，特别难得！民国二十年，我在鼓山佛学院任教，因此目见耳闻了一些云长老的事行。长老的复兴鼓山，真不容易，阻力是出乎意外地大！劣僧来纵火焚寺；在外的僧侣，想凭借暴力，进山来做住持。他一回云南，就有人去信警告他，如再回鼓山，要置之于死地。还有耸弄疯僧，拿刀去丈室威胁他。对于这些，云长老是本着慈忍的精神，严肃的威容，坚强的毅力，不屈不挠，到底一样样地化险为夷，复兴了鼓山道场。我想，大家来追念云长老，如以他的高风景行来反省自己，检讨佛教，发惭愧心，生向往心，这对于佛教的起衰除弊，应该是最有意义的纪念！

三〇　赞泉公和尚之功德

余初出家于普陀之福泉院,闻之恩师念公,知闽南有泉公和尚焉!念公初主福泉,衰废已极,和尚首率善信来山以助之,于福泉盖有恩矣!民国二十年,游学于厦门之闽院。闽院为和尚主持南普陀寺时所建立。陶育僧才,于近代中国佛教贡献甚多。余则初于此学,继于此教,来往三度,固莫非和尚之遗泽也。二十四年新春,谒和尚于厦门之万石岩。时和尚办佛学研究社于此,四众从学,蔚为名蓝。后举和尚德学以询常惺和尚,惺公誉为北方倓(虚)老之流亚。余不足以知和尚,于惺公之推崇而想见之。三十七年冬,重游万石岩,知和尚已示寂于槟城。院刹依然,师匠云亡,为之慨然。顷以和尚座下上首广义法师来台,得读《会泉和尚传》,因详其参学之专,弘法之力,绍隆三宝之功德为难及!宜其被誉为闽省三大法师之一也!余福德微薄,未得及和尚之门,何足以知和尚之德学!姑记其所知者,以赞和尚之高深于万一云尔。

三一 一代耆德邈兮难寻

近代闽南多硕德，逢公长老其杰焉！公早岁参学江浙，礼四大名山殆遍。战时，公以七十衰老之身，遍礼印度圣迹，越喜马拉雅山而入西藏，其精苦卓绝，以视赵州之八十行脚，无多让也。公参学丛林，能得大公无我之旨，身体力行，改其剃度之子孙道场——厦门南普陀寺为十方常住。后之南普陀寺能蜚声教界，蔚为国际知名道场，岂非受逢公毅然改制之赐耶！

南普陀寺之兴僧教育，先后敦请常惺、太虚二大师以主其事，逢公悉赞助维系其间。晚年，公游川、滇、西藏，得散布各方之闽院学友之欢迎，亦可以稍酬其为法之一片婆心矣。

胜利后，公卓锡新加坡，出主龙山寺。德望弥重，化缘普洽，为彼邦人士所称道。

嗟乎！余生也晚，虽幸列闽院门墙，初未敢私谒请益，唯知公之爱护学人心切而已。迨民国二十八年，公来北碚之缙云山，礼请虚公大师游化云南。缙云师友恳公开示，语多精采。第以逢公语音微阁，虚公令余为众覆述其大意，乃得与公晤对，亲承謦欬。今逢公示寂且十年矣，一代耆德，邈兮难寻！高山仰止，实不胜其低徊不已之私焉。一九六二年六月二十日，写于台北慧日讲堂。

三二　悼念续明法师

　　一九六六年四月二十六日,续明法师逝于印度之加尔各答。翌晚,讣电达台北。或以电(话)来告,余以且睡却之,殆预感而不忍卒闻之耶? 不忍闻而终闻之,抚今怀昔,怅惘何能自已!

　　忆一九四四年夏,初相识于汉院。师不以才华显,刚劲内敛,和而不流。心器之,过从遂多。师结伴游西康,四事仰人而不为自谋。得间,则劝发史君建侯刊行《摄大乘论讲记》,其欣乐法义之至情有如此。一九四六年夏,余病留开封,多得其顾护。翌年春,从余编《太虚大师全书》于奉化之雪窦。自后展转相从于厦门、香港。一九五三年春,来从于台湾。值世局震撼,人心浮动之秋,而师不事缘务。或编,或校,或讲,或记,唯以佛法安其心。朝夕相处,时或向对无言,或共话世事而归于佛道。先后六年,未尝闻有去思。来台十一载,住持福严,瘁心力于僧教育。受谤受诬,亦未闻有怨言。师体魄素丰,而心力每感不足。一九五九年以来,职责倍重,任事又专,乃时以病闻。前年请辞福严精舍,不忍强留之。初冀其游化海外,身心舒达,康复返台,专心于佛法之弘扬。孰知貌倍丰而体转弱,竟以巡礼天竺佛迹,中暑而成不起。盛年遽逝,弘愿未酬,不亦悲乎!

　　方余由杭而厦而港也,学友星散,苦于福缘不足,思摄聚之而无方,然犹得续明等诸人从。今台湾安定,四事不难,而师竟中道永弃之去,何哉! 怀昔年摄聚之匪易,感来日佛法之大难。一切逐岁月而消逝,岂能独为续明悲而不自悲乎! 往者长往,吾复何言!

三三　护国净觉辅教大师章嘉呼图克图舍利塔碑记

　　章嘉呼图克图,迦当巨子,蒙疆教宗,位居四大喇嘛之一。鹫峰记别,乘愿再来,震旦缘深,受封累叶,其本誓神德,固非常情之所可测也。大师诞降青海,幼著神聪。九岁,言游帝都,继膺章嘉呼图克图之封位。灵奇颖悟,誉满京华。迨长,教通五部之深广,学穷四续之精微,行秉菩萨比丘之仪,力修中观瑜伽之要。化孚僧俗,望重盟旗。辛亥鼎革,拥戴共和;北伐完成,翊赞枢府;受封号曰净觉辅教大师。值国运屯邅,中经抗战戡乱诸役,大师效忠国家,号召边远,申张大义,屏斥异端,虽敌寇匪伪之胁诱兼施,而护国佑民之本怀不忒。胜利还都,增锡尊号曰护国净觉辅教大师。赤焰肆虐,飞锡台湾,弘教牖民,孜孜不倦。殚忠诚于国族,崇德望于人寰,方之古昔,虽宝志之居梁,佛图澄之在赵,蔑以加焉!大师宣化蒙旗,普施法雨。主持中国佛教会,领表缁流,历时十载。化行鲲岛,与会东瀛,聿扬国光,严谴魔外。迎奘公之舍利,启末劫之法筵。体空有之一如,融政教而无碍。信乎师子嚬呻,非野干行迹之可比也!化缘既毕,遽返冥真,时一九五七年三月四日,世寿六十有八。政府礼隆追悼,自

"总统"以及各院部会首长，均亲临致祭，哀动朝野，悲感缁素，身后殊荣，唯唐之玄奘差堪比拟。荼毗得舍利六千，灿若联珠，攒同结蕊。自非乘通致化，历劫行深，宁有泯迹权俗，而殊祥异端若斯之盛者乎！政府明令褒扬，追崇玄德，为建舍利塔于北投之福寿山。瞻贞石之嵬峨，缅灵风而仿佛。呜呼！圣德靡涯，悲愿何极！众生待度，当乘倒驾之慈航，密行难知，且记化迹之崖略云尔。

三四　虚云老和尚舍利塔碑铭

　　古岩虚云老和尚,以禅闻于时。其体道也深彻,履践也笃实,利生也过化存神。值危疑之秋,行难忍之事,若和尚者,可谓不思议者矣!和尚生有异征,长慕至道,于物欲释然无所累。苦行则岩栖谷饮,衣不蔽体。出世为人则尽舍檀施以著悲敬,虽严净道场,乔皇扬丽,而和尚以一笠、一铲、一背架而来者,还一笠、一铲、一背架而去。方其家室聚居,己类大迦叶之不染,因知性自离欲,生有自来者也。和尚之参学也,学无常师。师天台之融镜,友九华之月霞,遍参金、焦、高旻诸禅宿,而友冶开、法忍,结茆于终南。发心参礼,游海内名山,远及康、藏、印、缅。历霜天雪地,蕉雨椰风,巨流峻岭,靡不任境去来,禅心自在。而后假病缘以专心,濒死亡而遗我。于高旻茶杯落地,顿断疑根,物无所累,定或兼旬。和尚精苦为道,近四十年而乃得之,殆示人以参学之典范欤!和尚孝思恳笃,拜香以见文殊,燃指而礼舍利。困风雪,历病难,不悔其初志,其所以报亲恩者厚矣。鸡足之祝圣,曹溪之南华,云门之大觉,云居之真如,悉以和尚之发心感召,刹院庄严,禅风仍续。鼓山涌泉赖以中兴,广州光孝留斯弘愿。是皆感法乳之恩深,殚心竭力,图兴祖庭以报祖德。知恩者能报恩,和尚庶足以当之。和尚本禅者恬淡勤劳之风,以向上事为化。语简意深,人辄有所启发。或讲经论,或修忏法,或弭兵乱,或济灾黎,故得道俗同钦,朝野共仰。逊清得肃亲王之护持,民国蒙林主席之迎请。誉动遼京,王臣因定而皈依;道流美国,詹宁慕禅而来礼。滇、桂、闽、粤,和尚之所游止,当道之崇敬优礼也特深。及乎法难严重,应化沪、杭,皈依者达四万人,见闻之益,末世孰有如和尚之盛者乎!大陆易色,圣教垂危,和尚不忍弃全国僧侣,留云门以资摄化。云门事变起,折肋伤目,再绝乃苏,而能心住无相,情忘怨亲,寂然不改其操。游北都,虽形格势禁,而犹以僧制戒法为必争,可谓大无畏者矣!晚居云居山,辟荒芜,兴丛林,而事与愿违,祸无宁日,住牛棚而几不可得。中国之法运日艰,和尚之病势益深,于一九五九年十月十三日,吉祥入灭。殆感法难因斗争而方深,住世无益也耶!距生于道光二十年,世寿百二十,戒腊百岁。和尚之入寂焉,海内外痛悼良深,香港缁素思慕之尤切。爰就荃湾芙蓉山侧,建庄严之塔,以奉舍利,永式崇仰。一九六六年仲春,塔成,舍利奉安。愿为众生作得道因缘,尽于未来!铭曰:

　　来有所自,去无所住,证德难思,兜率是处。

　　自性舍利,唯心塔婆,香海缘深,慈光永护!

三五　性公老和尚舍利塔
　　四众海会塔记

　　佛法遍东亚久矣，而菲邦之蒙法化也独迟，殆因缘之有所待耶！抗战军兴，闽南长老性愿老和尚，始应化来岷，阐扬圣道，悲愿深而方便巧，化育及时，乃得信愿聿兴，华藏顿现；德音远布，被乎南岛。呜呼！拓一方之化运，树中土之宗风，非夙缘有在，乘愿再来，其何以能此！

　　一九六二年三月，性公化缘既毕，安详而逝。缅怀令德，缁素同悲。法在人邈，则唯树塔婆以显高风，奉舍利以式敬思耳！性公晚年，每以建四众海会塔为言，创议而事未及举。菲岛佛教同人，乃筹建"性公老和尚舍利塔四众海会塔"于华藏寺之侧。以之树法幢，则凡圣同归；纪祖德，则孝思不匮。依大德而永缔法缘，凭佛力而直登净域。是塔也，其相也庄严，其意也深远。将见法界一化，华藏同归！佛恩祖德，亿万斯年！

三六　祝性愿老法师七秩大寿

　　弘化在菲律滨的闽南大德——性愿长老，今年已七十岁了。从性公受皈依的菲岛侨领——施性统、姚乃昆、蔡文华、陈温良、蔡金枪、苏行三、龚念平、周冰心等，发起在农历三月十五日——诞辰，为性公祝寿；并印经，讲经，筹建华藏室来作纪念。对佛教有着非常贡献的耆年上座，四众弟子来举行庆祝，这是有意义的，可赞颂的。佛教同人知道了，都会随喜赞叹！

　　性公有中国佛教传统的美德，简默、安详。不大发表言论，也不大游行讲说，可是四十年来，对佛教确有很大的成就。在这七十寿辰，四众欢庆的时节，就我所知道的点滴，来作一简略的赞述，也就以此来表示我的敬意。

　　性公法师，福建南安人。光绪二十六年，发心从耀青大师，在南安石井的东庵出家，法名古志，字性愿。翌年，从喜参老和尚受具足戒于厦门南普陀寺。

　　不久，就往南安的小雪峰，亲近佛化老和尚，一住五年。佛老为晚近闽南佛教复兴的功臣，门下极盛，如转逢、转解、转岸等闽南诸老，都是性公当时的雪峰同参。到了宣统元年，性公与转逢和尚结伴，到三江去参学。首先到了浙江的天童寺，入禅堂，亲近八指头陀,参究禅要。逢夏天,参预讲经的法筵,曾在天童及南京毗卢寺、太湖圣因寺,从慧明、谛闲二老,受《法华》与《楞严》。辛亥革命前夕,性公返天童长住,历任首领执事,并且得到了净心长老的付法受记。在天童住了八年,对于禅教律并重的天童家风,受到了深厚的陶冶,一直念念不忘于天童的恩德。

一九一九年,性公回到了闽南,住厦门南普陀寺、漳州南山寺、泉州开元寺、承天寺等大刹。对于当时闽南各大刹的复兴——如圆瑛与转道二老的复兴开元寺,转道的复兴南山寺,都曾从旁赞助,并且,主持了泉州百原寺、永春普济寺的兴建工作。

性公教禅并重,随缘摄化,早就被称誉为福建三大法师(圆瑛、会泉、性愿)之一。一九二八年,弘一律师与尤惜阴居士(后出家名演本)来厦门,性公都与之接近。特别是一九二九年、一九三二年,弘一律师的再三来闽南,并且长住下来。性公从佛法与书法二方面,与弘公缔结了深厚的法缘,受到了深刻的影响。所以后来,性公曾发起筹印弘公遗著的《南山律在家备览》、《南山律比丘戒相表记》(第三版);又筹印了弘公手书的《弥陀经》、《金刚经》、《普门品》、《药师经》。弘公有关律学的一切著述,曾拟请人整理印行,只是受到了时代的障难,不曾能完成! 他对于弘公的极其钦崇,可以想见他的心境。

一九三七年九月,性公答应了菲岛善信的请求,到菲岛主持大乘信愿寺。从此,性公的弘法工作,进入一新的阶段。近二十年来的弘法业绩,可分四点来说:

一、古代流行在菲律宾的佛教早已湮没了。近代的菲岛华侨,又从祖国带去了大乘佛教的信仰。起初,一部分善信组织了研究的社团,后来又修建了信愿寺。但不但不能顺利展开佛教的工作,连信愿寺的经济也老是入不敷出,这才感到有礼请大德长老领导的必要。性公的南行,使菲岛——马尼拉中心的佛教活跃起来。特别是在日军入侵菲岛期间,性公在祇园精舍的佛学研究小组,得到侨领们的赞扬,有的受皈依而成了真诚的三宝弟子。从性公主持信愿寺起,菲岛才成为有僧伽主持的佛教,三宝具足。而马尼拉、宿务、三宝颜等的寺院,也迅速地建树起来。现在,菲岛的佛教,虽还待进一步的开发,但确已奠定了菲岛佛教的基础。这可说是性公对佛教的最大贡献,最大功德了!

二、佛教法务的开展需要人,也需要道场。旧有的信愿寺,一九四九年春受了火灾,性公与住持瑞今法师重新修复,而且修建为更伟大更庄严的新刹,成为菲岛佛教的中心,摄化信众的道场。一九五一年,性公又在马拉闷创建华藏寺,希望能成为修持与弘法的道场。单是建筑大殿,就费去菲币三十余万,真是弥勒楼阁一样的斋皇严丽。说到人,抗战期间,就请如满法师等去协助。战事结束,又延请瑞今、善契、常悟、妙钦等诸法师到菲,并请瑞今法师任信愿寺主持。华藏寺的建设,性公原有一番理想,想延请诸方大德来协助推进,到现在也还如此。唯愿三宝加被,使这一理想,能逐步地实现!

三、菲岛佛教开展,性公得到了善信的崇敬。他所能发动集合的信众乐施,并不局限于当前的事业——信愿寺或华藏寺,而能作多方面的协助。如抗战胜利之初,闽南的大刹,部分小庙,都曾给予经济上的帮助。江浙大刹,尤其是天童寺,受到了重大的补助。一九四八年冬,性公领导下的南普陀寺弘传戒法,经济都来自菲岛。甚至安海附近的轮船失事，地方人举行普度，性公也慷慨地乐为劝施。对于佛教事业，甚至善举，能这样地普遍乐助，虽然也许有人觉得不能专心于菲岛的佛化，但这到底不能不说是难得的美德！

四、近代中国佛教的衰落，与知识界脱节，因素极多，而对于佛化的教育事业的缺乏，实为一重要关键。性公到了海外，认清了教会学校对于青年的影响力量。而服务教育的佛教信众，如苏行三、刘梅生、龚念平、高文显等，也从旁劝发，因此对于兴办教育，引发了热忱。由于性公的号召，菲岛的普贤小学成立了，并曾一度提议办理佛教中学。虽然办理还需要充实发展，而佛教兴办社会学校，以维系培养增进少年及青年的信仰佛教的情操，方针是绝对正确的。希望能由此而充实发展起来，配合佛教的一般弘化，使菲岛的佛教能更顺利地进展。至于佛教的宗教教育，性公曾在厦门办理过女众的觉华佛学苑。由于适逢政局的变动，不能获得预期的成果。

我从性公的晤谈中，听到过这样的意见：佛教在菲岛，还是一良好的原野，等待开发。就佛教来说，还说不上兴盛，但佛教内的不良现象也不多，不像某某地区，佛教界弛堕到不易整理。所以菲岛的僧寺，如能建立合理制度——契合于佛法，公而无私的制度，那么菲岛佛教的前途，是有无限希望的。性公这样的重视寺院组织的建立，在原则上是无可疵议的。深受丛林古制熏陶的大德，在适应新的时地中，能表现出重教育、重制度的精神，不能不说是难得的，可称颂的！

性公二十年来的为法，已得到了相当的成就。未来的二十年,希望菲岛佛教能有进一步的发展! 当然,性公已经是七十高龄,一切的推进,要靠菲岛的大德法师与在家信众的协力了。菲岛的佛教,到现在,主要是华侨的佛教。菲岛华侨十九是闽南籍,现在菲岛的法师,也都从闽南来。虽然佛法不应囿于区域的观念,但从同一地区来的,语言与风俗等相同,应该是更能协和而合作的。现在菲岛的法师,如瑞今、善契、如满、妙钦等,都是很难得的。而侨胞的信众中,更多有信仰精纯的有力人物。大家能本着一致祝寿的热忱,来一致在性公领导下推进佛教,那么到性公八十岁、九十岁时,菲岛一定是开遍菩提的花朵,结满菩提的果实,菲岛是更灿烂而庄严的佛土了! 谨以此菲岛佛教的隆盛,来祝性公无尽的法寿!

三七　子宽居士八十寿序

子宽居士，今年十月十日，八十初度。友好欲为之称庆，居士愿以世寿结法缘，因承其意而为之序。

居士献身革命，矢忠党国五十余年，卓著勋猷，是世寿之应寿而未足以为居士寿也。获闻法于海上，始护教于闽垣，初皈依于汉皋，悉依于太虚大师。主持正信会，服务中佛会，编印《太虚大师全书》，又无不承虚大师意旨而为之弘护，殆与虚大师有夙缘，于大师之深智悲行特多钦奉欤！居尝服膺大师，以发菩提心，尽未来际，献身三宝，不以成败毁誉为念，则乃可为居士寿矣！

《海潮音》月刊，为虚大师手创。发扬大乘真义，应导现代人心，历四十二年如一日，近十年则由居士发行。以是友好之欲为居士称庆者，希回礼物为礼金，悉以充《海潮音》经费。潮音永续，则居士之寿无尽矣！夫涓滴归大海而遍满，只羽入须弥而金色，金刚之身，无量之寿，岂特为子宽居士庆，共结法缘，将莫不同归无量寿海也！

三八　掩关遥寄

　　五月廿六日为释迦世尊诞辰。中夜宁寂,举世欢欣。印顺于是日,就嘉市妙云兰若,虔诚忏愿,舍诸缘务,掩室专修。爰举偈遥寄,以告海内外缁素同道。

（一）

　　离尘卅五载,来台满一纪。
　　风雨怅凄其,岁月惊消逝!
　　时难怀亲依,折翮叹罗什;
　　古今事本同,安用心于悒!

（二）

　　愿此危脆身,仰凭三宝力;
　　教证得增上,自他咸喜悦!
　　不计年复年,且度日又日,
　　圣道耀东南,静对万籁寂。

三九　净业颂

心净众生净,心净国土净,
佛门无量义,一以净为本。
戒以净身口,定以净尘欲,
慧以净知见,三学次第净。
贪净三昧水,嗔净悲愿风,
痴净般若火,性地本来净。
无边染业净,一切净行集,
即此净心行,庄严极乐国。